渡部昇一ブックス 11

嘘は一本足で立ち 真実は二本足で立つ
言葉は時代を超える——フランクリン格言集

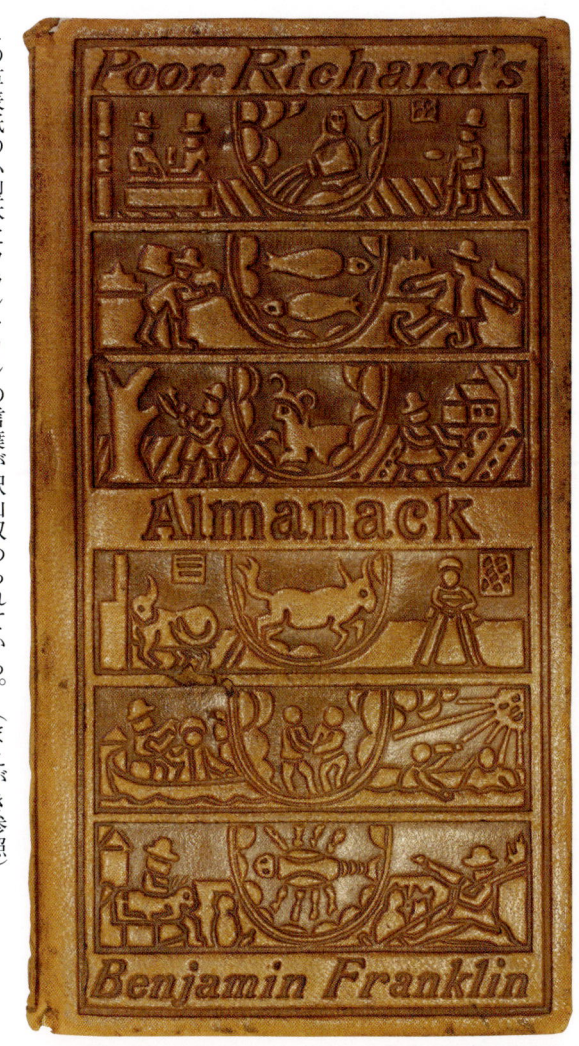

「貧しきリチャードの暦」

この革表紙の小型本にフランクリンの言葉が沢山収められている。（まえがき参照）

POOR RICHARD'S
ALMANACK. BY
BENJAMIN FRANK-
LIN (RICHARD SAUN-
DERS, PHILOMATH)
SELECTIONS FROM THE
PREFACES, APOTHEGMS, AND
RIMES, WITH A FACSIMILE
IN REDUCTION OF THE
ALMANACK FOR 1733. ED-
ITED BY BENJAMIN E. SMITH
PUBLISHED BY
THE CENTURY CO.
NEW YORK, MDCCCXCIX
Benj Franklin

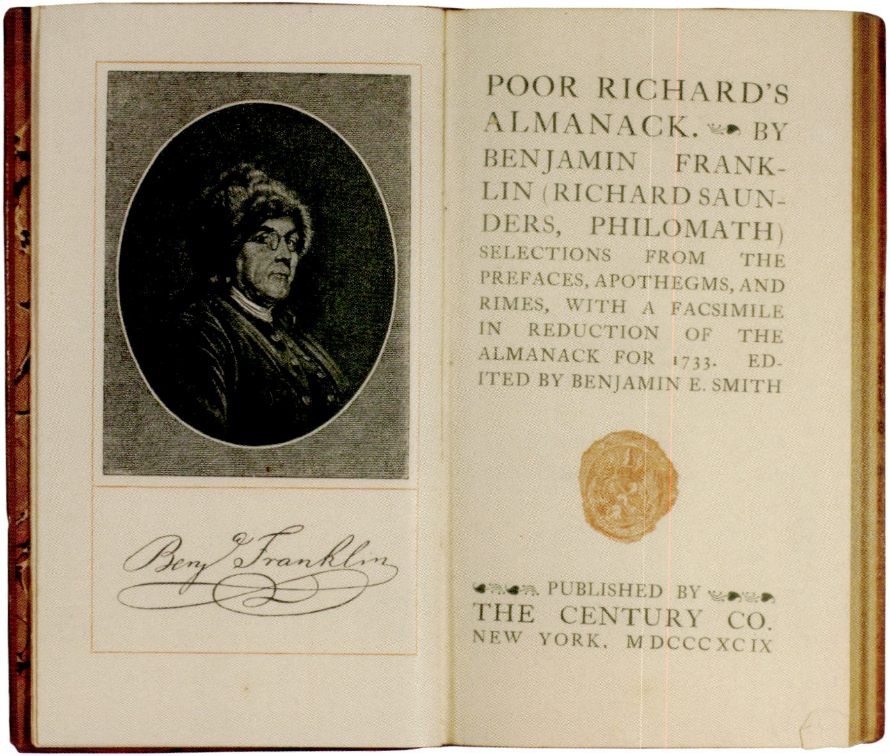

「貧しきリチャードの暦」タイトルページ

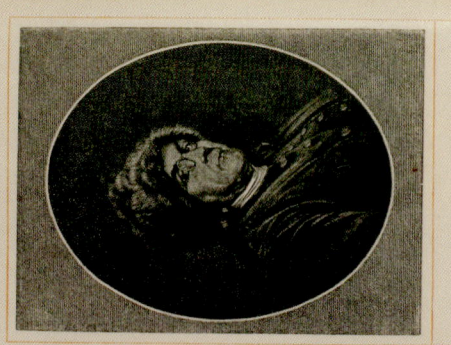

本文の1部

- Poverty wants some things, luxury many things, avarice all things.
- A lie stands on one leg, truth on two.
- What's given shines, what's receiv'd is rusty.
- Sloth and silence are a fool's virtues.

「貧しきリチャードの暦」を手にされた渡部先生(平成27年4月22日)

嘘は一本足で立ち 真実は二本足で立つ

言葉は時代を超える――フランクリン格言集

渡部昇一

広瀬書院

まえがき

―――フランクリンの言葉を理解するために

オクタヴィアヌスがローマ皇帝になったのは紀元前27年である。それ以後、われわれの知っている文明世界からは共和国が姿を消した。再び共和国がわれわれの前に現われるのは（イギリスのピューリタン革命政府の11年ぐらいの短期間のものなどを除けば）紀元1775年のアメリカ13州独立である。つまりローマ時代から約1800年間、世界は何らかの君主制の下にあったのである。フランス革命はその後だ。アメリカの独立ということは人類の経験したそれほどの大変革であったのだ。文字通り「新世界」が生じたのだ。

この「新世界」を創造するのにもっとも重要な役割を演じた一人であり、最も典型的に新世界人であったのがフランクリンであった。この新世界を特徴づける最も顕著なものは何であったろうか。いろいろな意見があると思うが私は新しい資本主義社会が、古い社会的な束縛をほとんど受けずに成立し始めたことではないかと思う。マックス・ウェーバーが『プロテスタンチズムの倫理と資本主義の精神』という名著を出し、その見解は広く受け容れられていると思われる。この見方をもっと簡単に言えば「時は金なり（Time is money)」と説いて実践

したフランクリンによって体現されていると言えば大変解り易いのではないだろうか。

　われわれの記憶にある半世紀前、あるいは戦前の日本では、労働が時間で計られることはあまりなかったと思う。商店の小僧、その従業員、家庭の女中、職人とその弟子、農家の人たち、したがって大部分の日本人には仕事の時間の長さと報酬には関係がなかったのである。江戸時代の武士（特殊サラリーマン）や奉公人たちには更に勤務時間と収入に関係がなかった。

　仕事する人が「時間」と「賃金」を鋭く意識するようになったのは、敗戦によって日本社会が大きく変ってからである。つまり日本社会のアメリカ化ということの一つの特徴は、賃金と時間の関係が鋭く意識されるようになったことであろう。たとえばテレビの工合を直してもらうのにそれを買った店の電器屋の若者にも、出張費と技術料を払うことが普通になった。「時間」のかかることを頼めば、それに応じた「金額」を払うことになったのだ。これは戦後の日本がアメリカ化した意味、つまり資本主義社会になったという意味である。

　「時間」と「お金」がこのように関係すると意識されれば、「能率」が意識される。「能率」を上げるには「工夫」「発明」が重要である。「工夫」や「発明」する能力を高めるには「教育」が重要である……と言った工合に、近代社会に重視される徳目が続く。特に資本主義社会に

は「資本」が重要であるから、「勤倹貯蓄」が重要となる。その反対は贅沢であり、浪費であり借金である。

　フランクリンはこうした近代社会、つまり資本主義社会の黎明期の人であり、資本主義社会の弊害がまだ顕現していない頃の話であるから、新しい行動様式は美徳そのものであったと言えよう。フランクリンの伝記に出てくる教訓はすべて額面通り受け取ってよいのである。

　ここで宗教の問題が出てくる。フランクリンの家は元来カルヴィン系の宗派であったが、彼はこれを捨てる。それは神の下す罰とか、牧師への尊敬とかを説くが、人間を向上させることは教えてくれないからだと言う。フランクリンは神を信じたが、それは日本で言う勧善懲悪の生き方の根拠としてである。フランクリンは徳行の権化であった。まだ成人しないうちから、読書や討論によって自己を高める為のクラブを作ったし、その方面に力を貸してくれる教会にも寄附している。そしてペンシルヴァニア大学の創立にもかかわった。

　こうしてみるとフランクリンの説いたことは、次の世紀になってから、イギリスでサミュエル・スマイルズが『自助論』などで説いたことと一致するのだ。「資本主義時代の精神」はアメリカの方で早く働き出したと言ってもよいのではないか。日本では明治維新の開国期に、東からフランクリンの教訓が、西からスマイルズの教訓が同じ頃に入ってきたことになる。日本の近代化を進めた

人たちもこうした素朴とも言える資本主義的近代社会の「美徳」を実践した人たちであった。

　新しい世界は新しい実践道徳を必要とした。それは旧世界の道徳が教会が上から説くものと違っていた。旧世界では庶民の間で諺あるいは格言として伝わっているような、ごくごく解り易いものであったものが、新世界で生きる人に極めて役に立つものであることがわかった。フランクリンは26歳の時（1732年）に暦を出版した。暦は人が毎日見るものだから、これを面白く、かつ為になるものにしようと、暦の余白に諺風の文句を入れたのである。その大部分は富を得る手段としての勤勉や節約をすすめるものであり、それこそが有徳の人になる道であることを教えようとしたのである。たとえば「空の袋は真直には立ちにくい」という諺は、貧乏すると、人はいつも正直に暮すことは容易でないということを示すことによって、だから勤勉と節約は大切だということを教えるという趣旨なのである。

　この暦は一般に「貧しいリチャードの暦」として知られ、非常に売行がよく、その地方、町や村でこれがない所はないくらいであり、約25年間も発行を続けた。それは長期間にわたって彼にコンスタントに利益を与え続けたのである。これだけ人気があったということは、当時の新世界の人々が、通俗的とも言えるそうした教えが

致富にも成功にも極めて有効であると体験しつつあったからであろう。

　たまたま私が持っているこの暦は、1899年にB・スミスが編集した超豪華なポケット版である。三方金の革表紙で、そこにいろいろな絵が浮き彫りにされているものである。この本を入手した時に、岩﨑氏が当時社長をしておられた新学社の月刊誌に、ここに示された諺を紹介したらどうかという話になったのであった。

　その趣旨はフランクリンがその暦を作った時と同じである。それから300年近く経っているけれども、そこに示された処世の知恵は今でも完全に有効かつ有益であると思ったからである。若い人がパソコンやインターネットやその他の新知識・新技術を身につけるのはまことによいことだ。丁度フランクリンが新しい技術や知識を身につけたように。しかしそれだけでは足りないのだ。今の社会はフランクリンの社会と300年の時空を隔てても本質的に変ってないところがあるのである。今の世でも致富や成功への道は変らないことを若い人には知ってもらいたいし、老人は若い人にそれを教えてもらいたいと思う。

　この本を読む機会を持たれた人の幸運を祝福しつつ。

平成27年4月

渡部昇一

［渡部昇一ブックス］ 11

嘘は一本足で立ち 真実は二本足で立つ
── フランクリン格言集 ──

● **目次** ●

「貧しいリチャードの暦」……………………………………巻頭カラー写真
まえがき── フランクリンの言葉を理解するために………………… 2

参考見出し	フランクリンの言葉	
アメリカンドリーム	今では私は羊も牝牛も1匹持っているので、だれでも私に「お早う」と言ってくれる。………………………	14
有難味	井戸の水が枯れた時に水の価値がわかる。………………	15
石頭	新しい真理はやはり真理であり、古い誤りはやはり誤りである。これを認めようとしないのは土頭（石頭）だ。	16
飲食	食事は健康な人のように、飲酒は病人のように。………	17
ウォーキング	貧しい人は腹に入れる食物のために歩かなければならない。富める人は食物を入れる腹のために歩かなければならない。………………………………………………	18
嘘	嘘は一本足で立ち、真実は二本足で立つ。………………	19
うまい話	だまされる人がいるのは、信用する人がいるからだ。…	20
お金	富はそれを所有する人のものではなく、それを楽しむ人のものである。………………………………………	21
お金	信用貸しする人は多くの友を失い、いつも金に困ることになる。……………………………………………………	22
お金	貸した人は借りた人よりもよい記憶力を持っている。…	23
お金	お金を持つことがなぜよいか、といえばそれを利用できるからである。……………………………………………	24
贈り物	贈り物は岩をも砕く。……………………………………	25
驕り（おごり）	「驕慢」は朝食は豊富だが昼食は貧しく、夕食には飢える。	26
快楽	快楽を避けよ。そうすれば快楽の方があなたについてくる。	27
快楽	痛みは体力を消耗させ、快楽は理解力を低下させる。…	28

確実さ	今日の卵1個は明日の雌鶏1羽に勝る。……………	29
学問	学問のある馬鹿は無知な馬鹿よりも大きな馬鹿である。	30
家庭	女性と火明りのない家は、霊魂、あるいは精神の抜けた肉体のようなものである。…………	31
我慢	忍耐心を持ちうる人は、自分の欲するものを手に入れうる。	32
考え方に格差	働く人の家を「飢餓」がのぞきこむことはあっても、入ってくる勇気はない。…………	33
感謝しすぎ	医者を相続人にする男は馬鹿だ。…………	34
危険な刃物	何もしないことと何も喋らないことは愚者の美徳である。	35
休息	休息の取れる人は、都市を取る人よりも偉大である。……	36
教育	よく愛せ、よく鞭打て。…………	37
教育	お客さんにご馳走して楽しんでもらおうと思ったら、あなた自身も楽しんでいなければならない。少なくとも楽しそうに見えなければならない。…………	38
教育	早寝早起きすると、人は健康になり、豊かになり、賢明になる。…………	39
教育	亜麻は火から離しておけ。青少年は賭博（ゲーミング）から離しておけ。	40
梟雄(きょうゆう)	邪悪な英雄は無邪気な臆病者を裏切る。…………	41
勤勉	勤勉であれば願掛けを必要とせず、何かよいことをあてにして生きようとする者は餓えることになるであろう。	42
勤勉	leisure（リジャー）（閑暇）とlaziness（レイズィネス）（怠惰）は違う。…………	43
勤勉	勤勉であればあらゆることは容易であり、怠惰であればあらゆることが難しい。	44
勤勉	勤勉は幸運の母なり。…………	45
勤勉	蟻より優れた説教者はいないのに、蟻は何も語らない。	46
口は禍の元	口を滑らすよりは足を滑らした方がよい。…………	47
経験	経験とはコストのかかる学校だが、愚者はそこで学ぶより仕方がない。しかもそこでも学ぶ者は稀なのだ。……	48
継続	米櫃から取り出すだけで入れなければ間もなく底が現れる。	49
継続	「君自身ほど君をしばしば欺いた者はいるかね」………	50
結婚	妻を迎え入れる家を持つまで結婚するなかれ。…………	51
結婚	老嬢はそこで（地獄で）猿を率いるが、老独身男はそこで（地獄で）猿になる。…………	52
結婚	妻を得ることは気苦労を得ることだ。…………	53

健康	皿数多ければ病多く、薬数多ければ治癒少なし。		54
幸運	自分を抑えよ。自分のためにも。		55
高貴	目上の者には謙遜に、同僚には礼儀正しく、目下の者には高貴であることが義務である。		56
小細工	細工を弄する人が、めったに自分の人生をうまく細工できないのはおかしい。		57
腰を据える	しょっちゅう植え替えられた木や、しょっちゅう引っ越している家庭が、動かないでいたものよりもよくいっている例を私は見たことがない。		58
根気	根気よくやっておれば二十日鼠でも太い綱を嚙み切ることができる。		59
才に倒れる	大いに才ある人（グレイト・ウイット）は飛び跳ねて柱に頭をぶっつける。		60
時間	人生を愛するならば時間を浪費するな。時間こそは人生を作り上げている材料なのだから。		61
時間	子供と愚者は20シリングと20年間は使い尽すことができないと思っている。		62
自己責任	財布軽ければ心重し。		63
自助精神	神様は自分を助ける人を助けて下さる。		64
実行	今の一つは明日の二つに勝る。今日できることを明日に残すことなかれ。		65
実行	怠惰は錆のようなもので、労働するよりも早く腐らせる。使っている鍵は常に光っている。		66
実行	忠告は与えることができるが、行為を与えることはできない。		67
実際	死骸のあるところに禿鷹は集まり、よい法律の国に人が集まる。		68
実力	弁護士と説教師と四十雀の卵は、孵ってもちゃんと育つものは少ない。		69
自問自答	「これをやれば自分は何か善を成したことになるだろうか」と自分自身に問いかけるほど高貴な問いはない。		70
借金	嘘は借金に騎乗している。		71
借金	空の袋は真直ぐ立たない。		72
借金	朝起きた時に借金があるよりは、夕食なしで寝た方がよい。		73
自由主義社会	ちゃんと給料を払ってくれる人は、それをもらう人の財布にとっては君主（ロード）である。		74

朱に交われば	犬と一緒に横になれば、起きる時には蚤がついている。	75
朱に交われば	腐ったリンゴはまわりのリンゴを腐らす。………………	76
守秘義務	かかりつけの医者や弁護士には嘘を言ってはならない。	77
進歩的文化人	前を見なさい。さもないといつの間にか自分が遅れていることに気付くことになります。………………………………	78
信用	「人がよい」ということほど人気を得るものはない。…	79
信頼	何でもほめる人も、何でもけなす人も、どっちも馬鹿である。………………………………………………………………	80
睡眠	眠っている狐は鳥を捕えない。眠る時間は墓の中にたっぷりある。………………………………………………………	81
好きは上手の元	学問は学問好きの者に、富は注意深き者に、権力は大胆なる者に、天国は徳高き者に属する。………………………	82
好きは上手の元	美味しく食べるものは栄養になる。……………………………	83
スノップ	人が滑稽に見えるのは、その人自身の性格・資格などのためというよりは、その人が「ふり」をする性格・資格によるものである。……………………………………………	84
成功	いろいろ腹を立てたり損をしたあげく、人は謙遜に、また賢くなる。………………………………………………………	85
節倹	蝶とは何だ。たかだか着飾った毛虫に過ぎぬ。派手にめかした伊達男も蝶とそっくり。………………………………	86
節倹	老齢と欠乏の時のためには、できる時に貯えよ。朝の太陽が一日中続くということはないのだから。………………	87
節倹	収入よりも支出を少なくする術を心得た人は、賢者の石（フィロソファーズ・ストーン）（鉛を金銀に変える力があると信じられていた霊石）を手にしたと同じである。	88
節約	金持ちになりたかったら、得ることに劣らず、節約することを考えよ。……………………………………………………	89
節約	塵もつもれば山となる。……………………………………………	90
節約	不必要なものを買えば、そのうち必要なものまで売らなければならなくなるだろう。………………………………	91
セルフ・サービス	気に入った召し使いを持ちたいと思うならば、自分でやれ。	92
戦勝国	法律は蜘蛛の巣のようなもので、小さい蠅はつかまえられるが、大きな虫は目の前で破ってゆく。…………………	93
組織体	馬車の中でいちばん悪い車輪がいちばんひどい音をたてる。	94

タスクペーヤー	王様のチーズは、半分ぐらい削り屑になって捨てられる。なに、それは構うことはない。人民のミルクから作られたものだもの。……………………………………………	95
旅	旅する人は、豚の鼻と、鹿の足と、驢馬の背を持たなければならない。……………………………………………	96
頼り	頼りになる友には3種類ある。それは長く連れ添った妻と、長く飼っている犬と、手元にある現金である。……	97
中毒	体調が悪いと言ってはすぐ医者に行ってはいけない。もめ事がある度に弁護士にかけつけてはいけない。のどが渇いたからとてその度に一杯ひっかけてはいけない。…	98
長寿	年とった医者よりも、年とった飲み助のほうが多い。…	99
長たる者	人に従うことのできない人は、人に命令することもできない。…………………………………………………………	100
手抜き	釘が一本足りないために蹄鉄がはずれた。蹄鉄が一つはずれたために馬が倒れた。馬が倒れたために騎士が殺された。………………………………………………………	101
テロ	茨の棘をまき散らす人は、裸足で歩いてはならない。…	102
天につばする	あなたの家の窓がガラスなら、近所の人に石を投げてはいけません。…………………………………………………	103
読書	うんと読書せよ。しかし本をただ数多く読めというわけではない。…………………………………………………………	104
友	友を選ぶにはゆっくり選べ。友を変える時には更にゆっくり変えよ。………………………………………………………	105
二兎を追う	2匹の兎を同時に追う者は、1匹はつかまらず、もう1匹は逃げてしまう。…………………………………………	106
万全の配慮	一つの「欠陥直し」は二つの「欠陥探し」ほどの価値がある。しかし一つの「欠陥探し」も二つの「欠陥作り」よりはよいのだ。……………………………………………	107
控え目	平穏安寧に人生を送りたい人は、自分の知っていることをみんなしゃべってはいけないし、自分の見たことすべてに裁きを下してはいけない。……………………………	108
美徳	徳を持つなら、徳の持つ品と美をも持ちなさい。………	109
秘密	三人でも秘密は守れる。ただしそのうちの二人が死人になればの話だが。…………………………………………	110
秘密	君の秘密をだれかに語れば、その人に自分の自由を売ったことになる。………………………………………………	111

昼の光	きれいな亜麻布（リンネル）、少女、黄金は、非常に輝かしいものだから、ローソクの明かりで選んではいけない。	112
敏感	怪我して痛いところは、よく物に当たってこすられるものだが、プライドの高い人はよく無礼に出会うものだ。	113
福運	他人が君の期待に沿わないと言って腹を立てているのかね。それは君が自分自身を当てにできないと言っていることなのだぞ。	114
不言と広報	多くしゃべる者は多く誤る。	115
不言と広報	「よくやった」は「よく言った」よりもよい。	116
プライバシー	他人の手紙を読むなかれ、他人の財布に手を突っこむなかれ、他人の秘密に耳を傾けるなかれ。	117
平安	よく整った小さい家（リトル・ハウス）、よく耕された小さい畑（リトル・フィールド）、よく気配りのする小柄な妻（リトル・ワイフ）、これらは大いなる財宝（グレイト・リッチズ）である。	118
平安	名誉を得る最短の道は、名誉のためにやる努力を、自分の良心のためにやることだ。	119
勉強	手袋をした猫は鼠を捕えない。	120
弁護士	二人の弁護士の間の田舎者は二匹の猫の間の魚と同じだ。	121
弁護士	よい弁護士は悪しき隣人である。	122
飽食	わたしは飢えて死んだ人を見たことはないと言ってよいが、食って死んだ人なら10万人も見ている。	123
飽食	老人から夕食を盗んでも、その老人に悪いことをしたことにはならない。	124
飽食	ケチな人のチーズがもっとも健康的。	125
飽食	1日3度の「良い」食事をするのは、「悪い」生き方だ。	126
訪問	訪問は冬の日の如く短く、そして急ぎ去りゆくべし。厄介な人間にならぬように。	127
施し物	与えられるものは輝き、受け取られるものは錆びる。	128
本業	汝の店をよく保て。しからば汝の店が汝をよく保たん。	129
学ぶ	賢者は他人の損をするのを見て学ぶが、愚者は自分が損してもなかなか学ばない。	130
無駄	3回引越しするのは火事に1度遭ったぐらい損をすることになる。	131
無駄	愚者は大盤振舞いをし、賢者はそれを食べる。	132
油断	晴れている時にはオーバーを持つことを忘れるな。	133

欲望	最初の欲望を抑える方が、それに続いて起るもろもろの欲望を満足させるよりも容易である。	134
欲望	金を試すものは火であり、女を試すものは金である。そして男を試すものは女である。	135
欲望	人を説得しようと思ったならば、「理」を語らずに「利」を語れ。	136
欲望	貧しい人には欲しい物がいくつかある。贅沢する人には欲しい物が沢山ある。貪欲な人には欲しい物が限りなくある。	137
予言	何も知らない人が偶然予言者となることもある。最も賢い人が見落としている時に。	138
余裕	この世のことについては、人は信ずることによっては救われず、信じやすさを欠くことによって救われる。	139
余裕	必要にせまられるとよい取引きはできない。	140
リーダー	見る（see）ことはやさしく、予見（foresee）することは難しい。	141
料理人次第	ろくでもない注釈者はどんなよい本をも台無しにする。それと同じように神様は食物を贈って下さるのに料理人がそれを台無しにする。	142
老成	老いたる若者は、若い老人になるであろう。	143
笑い物	笑い物になっているとは知らずに高い買い物をする人がいる。たとえば甲氏の邸宅だとか、乙氏の競走馬とか。	144
笑わせ上手	機知に富んだことを言うのは上手だが、その知能では腹を一杯にすることのできない人が多い。	145

編集部奥書き　146
渡部昇一先生略歴　147
著書案内（ブックス11に続く新刊等）　148
雑誌等掲載作品の紹介6・最終　149
奥付　150
「渡部昇一ブックス」発刊の趣旨　151
広瀬書院刊行書一覧　152

ジャケット・扉　題字／渡部昇一　書

今では私は羊も牝牛(め)も1匹持っているので、だれでも私に「お早う」と言ってくれる。

　1匹の羊、1匹の牝牛——それは大した財産ではないが、それを持っている人間は乞食ではない。そうするとだれでも朝に出会えば「お早う」と言ってくれる。つまり人間として、あるいは市民として取り扱ってくれるとフランクリンは言う。アメリカに移民した人たちの多くは着のみ着のままに近かったであろう。必死で働き、小金を貯め、小さい店を出したり、少しばかりの土地を手に入れる。するとはじめて一人前に挨拶(あいさつ)してもらえるというのだが、これほど当時のアメリカ移民の気持ちを正直に示したものは少ないだろう。

　この気持ちはアメリカでは今でも続いているらしい。ナチスから逃れた難民、近くはベトナム難民——彼らは着のみ着のままでアメリカに来て、今では大成功者、中成功者、小成功者がいっぱいいる。もと奴隷(どれい)だった人の子孫でも政府や軍の要職にもついているし、実業家にもなっている。

　アメリカの社会では貧富(ひんぷ)の差が広がっていることを強調するインテリが多い。しかし、アメリカから逃げ出したがっている貧民はいない。かつてのソ連、東欧とは違う。羊1匹、牝牛1匹持つ努力をすればよいことをみんなが知っているからだ。フランクリンの精神はまだアメリカンドリームの基礎となっているのである。

(P200402)

井戸の水が枯れた時に水の価値がわかる。

　学資を出してくれた親に死なれて、親の有難味がわかる。勤めていた会社が潰れて会社の有難味がわかる。夫に死なれて夫の有難味、妻に死なれて妻の有難味がわかる。自分を引き立ててくれた人に死なれて、その人の有難味がわかる……などなど、類似のことはいくらでもある。学年末が近づいてきて時間の有難味がわかる、というのは学生のことであるが、私の年になると、老齢になって時間の有難味がわかる、という風になる。

　更に大きな規模の話になれば、国がなくなって国の有難味がわかるということになる。ユダヤ人は約２千年間も国を失って、その痛切な体験からどんなに小さくても自分の国が欲しいとイスラエルを建国した。日本人でも敗戦の時に満洲（今は中国東北部という）にいた人たちはそれを味わった。満洲国が消えるとどんな不法なことをされようと、盗賊に襲われようと、暴行を受けようと、訴えるところも保護を求めるところもなかった。日本の中にいる人たちは敗戦にもかかわらず、日本政府がなくなったことはなかったからその実感が稀薄である。逆に国の権力に対する反抗ばかりよいとする人たちも戦後は少なからず現われた。しかしどんなに警察嫌いの人でも、警察がなくなった場合の怖しさは想像できるであろう。海外に多くいる日本人、海外旅行している日本人も、日本国の旅券のおかげで護られている。世の中にはなくなってその有難味がわかったのでは遅すぎることが実に多い。

（P199803）

> 新しい真理はやはり真理であり、古い誤りはやはり誤りである。これを認めようとしないのは土頭(つちあたま)(石頭)だ。

　日本語で新事態への適応力を失った人のことを「石頭」と言う。英語では「土くれ頭(クロッドペイト)」と言う。石よりも土くれ（土塊）の方がもっと侮蔑(ぶべつ)の意味が強いように感じられる。動物は本能で適応する。人間は本能が弱っているので、そのかわり頭脳を使って適応しなければならない。それなのに新しい真実が発見されてもそれを認めようとしない頭や、過去の誤りを誤りだと認めたがらない頭脳は頭脳の名に値しない。そんな頭は土塊(つちくれ)にすぎないのではないか、とフランクリンは言う。

　われわれの観察し得た歴史や身の廻(まわ)りの事件でも、新事態を新事態として認め、旧過失を旧過失として認めることに躊躇(ちゅうちょ)したことが悲劇のもとになっていることが多い。大きな例で言えばこの前の戦争だ。軍艦は飛行機に勝てない時代がやってきたことを証明した当の日本海軍が、やはり戦艦決戦にこだわり、ミドウエー作戦でも戦艦を機動部隊につけてやらなかった。また戦争では兵力の逐次投入が最悪の誤りであったという教訓を何度も見せられたはずなのに、バブルがはじけた後の金融政策は、正に政策の小出しであり、公的資金の逐次投入であり、ついにかつての債券発行銀行まで外国の金融機関の手に渡す結果になってしまった。
　　　　　　　　　　　　　　　　　　　　　　　　（P200005）

食事は健康な人のように、飲酒は病人のように。

　食いっぷりのよい人と食事をするのは愉快(ゆかい)なものである。70歳に近くてもステーキが好きな人たちがいる。わたしも好きだから、こういう人たちといっしょに旅行などするのは実に楽しい。

　還暦(かんれき)にもならないうちから、食事について極端(きょくたん)にうるさくなり、かつ小食な人もいる。あれも健康に悪い、これもコレステロールが増えるとか言うのである。日常生活で自分でやるのはこっちの知ったことでないが、こんな人といっしょに食事すると景気が悪くなった気がして話もはずまない。そういう人たちとはいつの間にか疎遠(そえん)になっていることに気付く。

　歓談(かんだん)というのは、個人的交遊関係でも食事と共に行われることが多い。日ごろは節食している人でも、友だちといっしょに夕食する場合は昼食を抜いてでも、夕食のために胃はあけておくべきだ。わたしの親しいある神父さんは、外人には珍しく小食の人だったが、夕方に人と食事するときは昼と午後は一切何も食べなかった。

　一方、酒のほうはどうしても飲み過ぎるほうに傾くのが人の常である。フランクリンの時代でもそうだったのであろう。だから酒やビールのときは、自分の体に痛風(つうふう)とか肝臓病とかの問題があるかのごとくおさえ気味にするのがよい、という教訓である。元気よく食べ、アルコールに淫(いん)しない人たちとの食事は人生の至上の喜びの一つだ。

(P200603)

貧しい人は腹に入れる食物のために歩かなければならない。富める人は食物を入れる腹のために歩かなければならない。

　フランクリンの頃(ころ)は他人の家の戸口に立って食物のおこぼれをもらわなければ生きていけない人たちも少なくなかったろう。私の子供の頃にもそういう人たちはいた。余裕(よゆう)があり、優しい家の人はそういう人たち——当時は乞食(こじき)とか「ほいと」とか「やっこ」とか言っていた——に盃に一杯(いっぱい)の米(あた)を与えた。茶碗(ちゃわん)に一杯ではない。そうして歩き廻(まわ)っておれば飢饉(ききん)の時などのほかは餓死(がし)しないで済んだ。そのためには戸口で簡単な芸能をやる人たちもいた。いわゆる門付(かどづ)けである。お経(きょう)を上げる人もいる。それには本物の坊(ぼう)さんとインチキと２種類あった。良寛(りょうかん)さんなどは本物である。
　ところが今の日本では、いかに痩(や)せるかに苦労している人ばかり目につく。道を歩いても明らかに痩せる目的でウォーキングしている人たちの姿が目につく。昔は金持ち国の代表であったイギリスでも、腹ごなしに散歩するのは紳士(しんし)階級だった。フランクリンのアメリカでもそうだったのである。そうした物指しで計るならば、今の日本人はほとんどみんなフランクリンの言う「富める人」になっているわけだ。事実、食物に限らず、家庭電気器具を考えただけでも、われわれは百年前の王侯(おうこう)貴族より富める者である。感謝して生きよう。　　　　　（P200110）

嘘は一本足で立ち、真実は二本足で立つ。

　嘘はどんなによくできていても崩れ易いが、真実は安定しているということなのだが、英語の別の諺では「真実は繰返しに耐える」とも言う。嘘はよっぽど記憶がよくないと、繰返して語っているうちにボロを出す。だから「記憶力に自信のない人は嘘をついてはいけない」とも言う。

　これは歴史的な論争にも当てはまる場合があるようだ。たとえば私がいわゆる「南京大虐殺説」に対して疑義を出してからもう〔30年〕近くになる。はじめのころは朝日新聞や毎日新聞のような大新聞でも「やはり大虐殺はあった」などという記事を、時には写真まで添えて出したものである。しかしそれは一つ一つ嘘であり、写真はインチキと証明されて、さすが中国びいきの朝日新聞も〔近頃〕では「南京大虐殺の新しい証拠」などは出さなくなった。逆に「なかった」ことについては次から次へと第一級資料が出されている。最初に虐殺を報じたイギリス人が蔣介石から金をもらっていた人物、つまり広報要員のスパイだったなどという発見もある。北京や保定や上海や武漢三鎮では一切市民の虐殺の話がないのだから南京だけというのがそもそもおかしかったのだ。それは蔣介石が南京で市街戦をやることにしたために、被害が市民に及んだのである。〔最近〕は台湾でもシナ軍の責任を問う議論が盛んだ。　　（P200207）

だまされる人がいるのは、信用する人がいるからだ。

　フランクリンの時代も詐欺師や山師やほら吹きはいっぱいいたと思う。そのての人たちの「うまい話」を信じて損する人たちをフランクリンはたくさん見てきたに違いない。信用すべき人を信用するのは偉いことだが、軽々しく信ずるのは詐欺師のえさになるにすぎない。今の日本でもインチキ商法などにひっかかる人が後を断たないのはそれを信ずる人がいるからである。「オレオレ詐欺」は近親の情などにつけこんだもので、それにひっかかった人たち——主に老人たち——には同情するが、インチキ商法にひっかかった人たちの場合は、ひっかかった人たちにもいくぶんかは責任がある。インチキ商法にひっかかる人の頭の中には、「世の中にはボロイもうけ方があるに違いない」という思いこみがあるのではなかろうか。豊かな人たちを見て、「何かボロイもうけ方をしているのではないか」と疑っているのかも知れない。そして自分が豊かでないのは、今までボロイもうけをするチャンスに恵まれなかったからではないか、という気がしているのかも知れない。そしてボロイもうけの話を信ずる。

　世の中にはボロイもうけ方が本当にあるのかも知れない。しかしそれは常に損する危険や手錠と隣合わせであるはずだ。世の中にはそんなにうまい話はないと観じて日々努めるべきであろう。そうしたら本当によいチャンスが出てくるかも知れない。

(P200502)

富はそれを所有する人のものではなく、それを楽しむ人のものである。

　今のように健康保険とか年金とか介護制度などの整っていなかった時代にはお金はまことに大切なものであった。今だってお金は大切なものだがその大切さが、あるいはその切実さがまるで違う。私は戦中・戦後のことを知っているが、お金の価値は今とまるで違う。たとえば今は学費がないだけで学校にいけないということはまずない。奨学金も青少年がすぐできるアルバイトもあるが昔はほとんどなかったのだ。

　そのお金の大切さのわかった人は守銭奴になりやすかった。そうするとためたお金だけが人生の楽しみとなり、人生のほかの面には一切目を閉じてひたすらためるだけの人となってしまう。フランクリンは貯金を重んじた人であるが、それだけが人生の目的になる危険を知っていた。彼自身は慈善事業に金を出し、大学の設立の中心人物にもなった。

　アメリカでは富の蓄積が早かったせいか、それを楽しんで使う方法も発達している。ビル・ゲイツは約10兆円の資産のうち、約9兆5千億ぐらいは自分の判断で寄付すると言っており実行しはじめているという。日本は戦争以来、官僚中心の国家社会主義的構造が強く、ビル・ゲイツのようにはいかない。日本人の持つ世界一の個人総資産を自由に楽しんで使っているのは政治家と官僚だ。日本にミサイルを向けている国にも4兆円も与えている。

（P200309）

信用貸しする人は多くの友を失い、いつも金に困ることになる。

　フランクリンはいつもお金のことについてはシビアである。しかし彼はケチでもなければ、お金をためればよいという男ではなかった。慈善(じぜん)事業もやってるし大学も建てている。自分の富をよいことのために積極的に使うのと、お金を不用心に貸すのとは別物であることを教えているのだ。シェイクスピアも「ハムレット」の中に、「お金は貸し手にもなるな、借り手にもなるな」と忠告する老人を登場させている。それは友を失うことになるのだから。

　〔最近〕も知り合いの老婦人が、「遠縁の人に頼まれてお金を貸したところ、その人の商売がまずくなって、預かっていた小切手が不渡りになった」と嘆いていた。コツコツためた年金の２年分ぐらいの貯金がパーになったという。この婦人はその仲のよかった遠縁の人の顔を２度と見たくないだろうし、借り倒した側も貸した人の顔は見たくないであろう。またある知人は親類に頼まれて金を貸した。利子は銀行の定期預金利子と同じということにした。それでも利子を取ったというので気まずい関係になったという。

　現代では仕事のためなら銀行が貸す。銀行が貸さないような人に貸してはいけない。急に小口のお金が必要になった場合にもローン会社がある。銀行も貸さず、まともなローン会社も貸さないような人には、くれてやるつもりの場合以外は、金を貸せば友を失うことになると悟るべきであろう。　　　（P200411）

貸した人は借りた人よりもよい記憶力を持っている。

　もう〔25年〕ぐらい前のことになるが、何家族かいっしょで出かけたピクニックで、友人に少額のお金を貸した。今より貨幣価値は高かったにせよ、たった千円札1枚ぐらいである。彼は返すのを忘れている。しかし私は何かの折にふと思い出す。同じことは同僚のアメリカ人の教師にもあった。彼は返すことを忘れてアメリカに帰った。その後、会った時は、こっちも思い出さないし、借り手も思い出さない。何かの拍子で思い出しても請求するほどの金額でもない。本の貸し借りでも同じようなことがよくある。きっと私もだれかから少額のお金を借りて忘れたままになっているのではないかとぞっとすることがあるが、貸してくれた人も時と場所を忘れているのだからどうしようもない。

　人から受けた恩についても同じことが言えるのではないだろうか。恩恵を与えた人はそのことを忘れないのに、受けた人はきれいに忘れていることはよくあることだ。「忘恩」とか「親不孝」とかは日常的な現象である。

　りっぱな人物というのは、自分がお金を貸したことは忘れ、借りたことをよく覚えている人。自分が受けた恩は忘れないが、他人に与えた恩恵は忘れる人のことであろう。そういう人物になることは難しい。しかし少なくとも受けた恩は忘れないような人間になりたいものである。

　　　　　　　　　　　　　　　　　　　　　（P200501）

お金を持つことがなぜよいか、といえばそれを利用できるからである。

　だいぶ前にアメリカの週刊誌にある有名な牧師の話が載っていた。この牧師はいつも信者に説教するとき、こう言っていたそうだ。

　「皆さんはりっぱなクリスチャンですから、ぜひお金をもうけてください。お金は力のあるものです。こんなに力のあるものを悪いやつに渡してはいけません。」

　これを読んだとき、いかにもアメリカらしい話だと思って笑ったものだが、近ごろはこの牧師さんと同じように考えるようになった。

　マフィアは本来アメリカにいるイタリア系移民の間の小さな暴力団であった。しかしアメリカが禁酒法という愚かな法律を作ると、密造酒やら密輸入酒を手がけてマフィアは大金持ちになった。大金持ちになると政治的な力も持ってくる。事業をやったり政治献金もするからである。

　戦前の日本のやくざは一般市民には無関係で、それを怖がる市民はいなかったと思う。しかし戦後はヤミ商売やら麻薬やらで金持ちになった。特に戦時中にできた地代家賃統制法という法律を突破する「地上げ」などをやり巨富を得た。すると社会的な力が出てくる。これに反して相対的に力が弱くなったのは善良な市民たちである。相続税や所得税をまともに取られるので、善良な大金持ちが消えている。善良な国民に力を与える政府が必要だ。

(P200507)

贈り物は岩をも砕く。

　あまりに当たり前すぎて解説するのも恥ずかしいぐらいの事実である。岩をも砕くほどの力が贈り物にはあることが知られているから贈賄ということもあるのだ。贈賄が悪として社会で糾弾されるようになったのは、最も進んだ先進国で、しかもそれは比較的新しい時代に属する。日本は官吏の最も清潔な国の一つと考えられているが、江戸時代は役得というものがあり、その伝統はごく最近まで残っていた。今でも発展途上国では役得や賄賂は普通であるらしい。空港の税関とか、交通規制の警官とかが、露骨に賄賂を要求する話もきく。学校の先生にも贈り物をする習慣が日本にもあったし、韓国ではそれが盛大に行われているという話を読んだことがある。

　国と国の間でも贈り物は友好の印となる。アメリカでは100年前に日本から贈られた桜の下でチェリー・ブロッサム・フェステバル（桜祭り）の行列などやる。これは贈り物のよい例だ。日本のODAは世界一、二を争う額で日本外交の一番の力になっていると言われるが、二ケタの軍備拡張をやっている隣国に沢山あげるなどという変なこともある。官僚に直接お金をあげれば賄賂だが、天下り先になる公社、公団を作ってあげる政治家は官僚に感謝され有力になる、という時代もあった。贈り物は極めて有力なだけに、あげる主旨や形態が重大である。あくまでも友好関係の範囲であるべきだろう。　　　（P200408）

「驕慢(きょうまん)」は朝食は豊富だが昼食は貧しく、夕食には飢える。

　おごり高ぶることは長続きしないことを、1日の3食にたとえたものです。フランクリンは謙遜と節倹が富のもとであり、それが個人の自由のもとと考えていました。「いいふりをする」ことは長続きせず、おわりは悲惨になり易いことを教えたものです。

　これをおしゃれにたとえてもよいでしょう。若い頃にブランド物を持ったり、流行を追っていても、間もなく中高年になります。そういう人は、家庭を持ったり子供ができたりした頃には貧しくなっている可能性が高い。そこでも「いいふり」を求めていると、晩年はうんと哀れなものになるぞ、ということでしょう。

　私の中学高校の恩師はこう教えてくれました。「若い頃は粗末な身なりしていても誰も何とも思わない。しかし老人になってからろくな着るものがない人はまことに惨めな感じがするものだ。」この先生の教えのおかげで私は学生の頃から着るものに贅沢したり、ブランド物を追うことのない生活をしてきました。今でも私は「いいふりする」ことには無縁ですが、それでもしかるべき時に着る着物ぐらいは持てるようになりました。腕時計は今でも3千円のものですがこれは見易いからです。今は安い時計でも狂いません。若い時は何物をも補う若さがあります。年とってから、しかるべき場に出た時に恥ずかしいような着物しかないのはおそらくフランクリンの教えと反対の生活をした人でしょう。

(P199804)

快楽を避けよ。そうすれば快楽の方があなたについてくる。

　特に快楽を追い求めることはない。むしろ避けた方がよい。ところが不思議、そうすると逆に快楽の方がついてくる、というのだが具体的に考えてみよう。若い人の快楽は何であろうか。極端にぐれた場合はマリファナとか、普通の場合であれば異性との交際ということになるであろう。

　しかし若い頃にそれを追い求めるような気持ちになっていると、その程度の人間になってしまう。ところが一時的な快楽を避けて自己の向上を求める人には、もっと高次の快楽が自然に出てくるのである。中学生や高校生が楽しみと思えるものは、その時点では最高であり、人生の神秘に触れた気にもなる。しかしそのヴェクトルが自己の向上にむいてない場合は断乎として避けなければならない。悪遊びしている友達との快楽を追えばろくなことはない。そんな快楽からは逃げて勉強なり、仕事を続ける。するとそこに一芸に秀でた人や、一業に達した人との交わりが自然にできる。それは高次な快楽と言ってよいであろう。私も中学の頃の同窓生を思い浮べることがある。その年齢での快楽を追っていた何人かの顔が浮ぶ。またその頃から人生に志を持っていた何人かも思い出される。私の年になるとよく見えてくるのだ——フランクリンの言っていたことは正しかったことが。快楽は追うものでない。高次の快楽は君を追いかけてくるものだ。

(K199701)

痛みは体力を消耗させ、快楽は理解力を低下させる。

　体のどこかに痛いところがあると体力がなくなることは誰でも経験することである。そしてまた快楽が続くと理解力の方もおかしくなるというのが人間の常である。フランクリンの考えたのは、特に個人が快楽に耽ることであった。快楽のうちでも急速で激しいものは麻薬であるが、麻薬中毒になれば理解力が低下するどころか、全くなくなってしまう。他の快楽追求は、もっと緩慢であるが、家庭の平和を破り、事業の破滅につらなる。

　このあたりまでは誰にもわかることだが、制度的な快楽というのもあり、これは急性でないだけに甚だ危険である。制度的な快楽、つまり政府補助金なので苦労もしないでやってゆくことを英語でfeatherbed（フェザーベッド）という。羽根ぶとんに寝ている快適さである。これが続くとその恩恵を受け続けている人や業種はダメになる。「ある業界を潰そうと思ったら、政府補助金を出せ」という言葉がそれを示している。そういう恩恵を受け続けると企業努力に頭を使わなくなってダメになるというのだ。日本の大学教授も一度なってしまうとフェザーベッドだった。アメリカでは絶えず業績を示していないとクビになる。そしてアメリカの大学の水準が断然支配的になった。日本の大学の先生たちも近頃ではフェザーベッドを取り上げられる傾向にあるが、学問のためにはそれはよいことだろう。

（P200202）

今日の卵1個は明日の雌鶏1羽に勝る。

　未来の不確実なものより、今あるものを大切にせよ、という考えはヨーロッパには古くからある。紀元前3世紀頃のギリシャの詩人テオクリトスは「近くにいる牝牛の乳を搾りなさい。どうして君は逃げるやつを追いかけるのか」と言っているし、ローマの諺にも「手の中の1羽の鳥の方が、森の中の2羽より価値がある」というのがある。その影響を受けたと思われる諺がイギリスにはかなりある。「手の中の羽根1本の方が、空飛ぶ鳥よりよい」などという極端な対比もある。フランクリンもこのような諺の変形(ヴァリエイション)を考えたのであろう。卵と雌鶏の対比はなかなかよくできていると思う。

　これは経済の面では、株の「利喰い売り」の場合によく使われる。持っていた株が2割も3割も上がった。そしたらそれを売って確実に2割か3割の利益を確保してしまえ、という教訓である。「利喰い千人力」などとも言う。ところが持っていた株が上がると、それが更に上がるような気になるのが人情である。しかし天まで上がる株などないのだ。突如ドカーンと下がって元も子もなくなってしまう場合が多い。バブルがそれである。この前のバブルで生き残った青年実業家には、代々続いた家の者が多いという。「代々続く」という商家には共通した家訓のようなものが伝わっているのではなかろうか。「思わずもうかったら早く手仕舞え」と。

(P200102)

学問のある馬鹿は無知な馬鹿よりも大きな馬鹿である。

　これと全く同じことを私の母も言っていたことを憶い出す。私の母がフランクリンを知っていたはずは全くないから、東北の農村地帯でも同じようなことが観察され、同じような諺を生んだのであろう。

　昔の農家は普通にやっておれば潰れることはない。特に学問などは要らない。ところがそのうち学問のある百姓が出ることがある。田畑を抵当にして株に投資したり、米相場に手を出したりする。私が育った地域でも潰れた大きな家が何軒もあった。昭和一ケタの頃である。みんな米相場で潰れたという話を聞かされた。そして潰した人は、みんな周囲の人からは「学のある人」と言われていたのだった。

　無知の人が愚行をやろうとしている場合ならば、周囲の人が説得してやめさせることができる。しかし学問のある人の愚行を周囲の人がとめることは至難だ。何しろ弁が立つからだ。田舎の人がしばしば子供に学問させることを怖れたのはこのためだった。

　現代の学問のある馬鹿は難しい試験に通った人たちのようだ。〔ここ10年間〕、日本の経済をおかしくしたのは秀才の代表といわれた経済官僚たちだった。アメリカのベトナム戦争のあやまちは「ブライト・アンド・ブライテスト（頭の一番いい連中）」だとされる。この英語を意訳すれば「学問のある馬鹿」ということになるだろう。

（P200101）

女性と火明（ほあか）りのない家は、霊魂、あるいは精神の抜けた肉体のようなものである。

　これは夫婦共働きを善しとする時代風潮に反しているかの如くである。火明り、つまり炉辺（ろばた）の火は、人類が火を使うようになってから何億年か何千万年の間、地球のどこでも家庭の象徴であった。炉辺に火が燃え、そこに女性がいる、というのは人類が人類になってから、つい〔3、40年〕前まで、どこの文明国でも——おそらくその段階に達していない部族でも——疑う人のまずはいない価値であり、平穏な幸福な生活のシンボルであった。それが最近の科学と技術の発達やそれが可能にした「便利な」生活のために軽視されたり無視されたり蔑視されたりするどころか、国や地方自治体が先に立って抹殺しようという風潮がある。科学と技術が開発した便利さを享受し、それにもとづいた新しい生活様式の展開を停めることはできないであろう。しかし数10億、数千万年の人類の本性が、わずかここ〔3、40年〕の「進歩」で根底から変るものだろうか。

　今の高齢者に懐しい思い出を訊（たず）ねてみるがよい。多くの人がそれは母、あるいは祖母のいる炉辺だったり、炬燵（こたつ）だった、と答えるであろう。私にとってもそうである。私の子供たち3人にとっても、母の（つまり私の妻の）作った朝飯だったりケーキだったり、正月の雑煮だったりのようだ。少なくとも女性と火のない家庭より、火と女性は子供に幸福な思い出を与えることができよう。

(P199903)

忍耐心を持ちうる人は、自分の欲するものを手に入れうる。

「我慢(がまん)強いこと」は昔は最高の美徳の一つであった。寒さにも我慢、暑さにも我慢、空腹にも我慢、あれにも我慢、これにも我慢と、昔の日本人は我慢し過ぎたところもある。しかし我慢する力が重要な美徳であることは少しも変わらない。

それは「我慢する」とか「忍耐心を持つ」ということの反対を考えてみればよくわかる。近ごろは我慢できず「切れる」子どもが多くなったらしい。すぐ「切れる」人間ほど困った者はない。そういう人は社会でやっていけない。親は昔から無理なことを言ったものらしいが、子どもはそれを我慢することを当然と考えていた。しかし今は親に対しても「切れる」子どもが増えてきているらしい。ローマ人のことわざにも「親が正しいときは愛せ。正しくないときは我慢せよ」というのがある。昔だって学校嫌(ぎら)いの子どもはたくさんいた。わたしもその一人であった。しかし我慢して通った。今のように登校拒否したり、引きこもったりする子どもは聞いたことがない。

勉強でも我慢が必要である。教育法などの研究はいろいろ盛んに行われているが、学ぶ生徒に我慢がなければモノになるまい。わたしは半世紀も英語教師をやってきたが、英語学習に一番重要なのは我慢、あるいは忍耐心であるという確信をもっている。

(P200401)

働く人の家を「飢餓」がのぞきこむことはあっても、入ってくる勇気はない。

　勤労の徳をたたえている言葉でいかにもフランクリンらしい。日本でも二宮尊徳など篤農家たちの教えにもこれに共通するところがあった。しかし現代では——少なくとも先進国においては——働かなくても「飢餓」がその家に入りこんでくることはまずない。主食はおどろくほど安いので、生活保護費や失業手当でも飢えることだけはないと言ってもよいであろう。

　フランスやドイツでは大学を出ても職につけない人が二けたになっているという。〔最近〕のフランスの騒動もそれを背景にしていた。しかし職がなくてもその人たちは飢えてはいない。ドイツでも〔最近〕こんな話があった。職のない、しかし教育は受けている青年たちを、アスパラガスの収穫に参加させるプランが実行された。もちろん有給である。しかししばらくして全員がやめてしまった。農業を手伝って収入を増やすよりも、失業手当だけで暮したほうがよいとその青年たちは「選択」したのである。

　格差社会というのが流行語になっているようであるが、労働に対する考え方にも格差があるようである。今は労働しなくても飢餓はおそろしくない。飢餓とは違った怖いものが近づいているのではなかろうか。

（P200609）

医者を相続人にする男は馬鹿だ。

　ブラック・ユーモアの味がします。相続人にしてもらった医者は、早くその財産を相続したいと思うでしょう。そうすれば、一服盛るということはしないまでも、どうしても自分が早く相続できるようにと、自分を相続人に指定してくれた人の死を願うようになり勝ちです。医者に感謝するのはよいけれど、感謝の心を現わすあまり、財産まで相続させると言ってはいけないという警告です。

　人間は感謝のしすぎ、あるいは恩恵を求めるあまり、かえって命取りになるような条件を出すことがあるものです。これは個人に限らず、国家の場合もありえます。明治維新の頃、幕府はフランスの援助を受けることは可能でした。たとえば北海道の港を与えるぐらいの条件で、薩長の軍勢を破ることもできたかも知れません。薩長側もイギリスの応援を受ければもっと早期に倒幕できたでしょう。そうすれば日本は植民地になるところでした。病気の時に命を助けてくれるのはお医者さんです。しかしその医者を相続人にするほど感謝の念を示したり、御礼の約束をしてはいけません。困った時に暴力団に頼んで解決してもらったために、その喰い物になってしまった例はよく耳にします。〔いま〕問題になっている銀行の中には、地上げの時に暴力団と関係したためにひどい目にあっている例があるようです。

(P199905)

何もしないことと何も喋らないことは愚者の美徳である。

「勤勉」が第一の美徳であり、「雄弁」が重要な才能である国においても、その反対のこともあるのだな、ということをフランクリンは教えてくれる。何かやるよりは何もやらない方がよい、ということだって少なくないことは、われわれの周囲を見廻しても気付く。〔ここ10年〕の不況の中で倒産した会社のほとんど全部は、本業以外のところに手を出したためだという。特に不動産に手を出さなかったところで潰れた企業は稀だと指摘されている。「何かやらないといけない」という思い込みが危険だったわけである。もちろん愚者でない人の勤勉は、発展と繁栄の基点なのだが。親が相当な財産を残してくれた場合、「自分は利口でないから」と言って事業などに手を出さないで安月給取りでいる人は最後まで豊かで平穏に暮らしているのに、親の財産を手にしたとたんに事業に手を出して、すってんてんになった人たちの何と多いことか。

　雄弁、あるいは自分の意見をちゃんと述べることができることは、実に重要なことである。ところが愚かな人間がその自覚もなく喋りまくって、人を傷つけ、また自分の墓穴を掘ることになることが多いことは誰でも体験していることだ。その愚者が外務大臣ともなれば大変なことになる。フランクリンは美徳とされるものも、愚者にかかると危険な刃物になることを示したのであった。

（P200209）

休息の取れる人は、都市を取る人よりも偉大である。

　仕事を終えて本当に休息を取れる人は幸いである。フランクリンは開拓時代のアメリカで、また独立戦争のころのアメリカで、いかに本当の休息を取れる人が少ないかを見たのであろう。

　今も忙しい世の中である。それでも労働条件などは改善されているから、仕事を休むことはできる。しかし仕事を休むこと自体はフランクリンの言う休息ではない。本当の休息には「やるだけのことをやった」という後の心のやすらぎがなければならないのだ。陶淵明*は

　　勤ミテ労ヲ余スコト靡ケレバ

　　心ニ常ナル間アリ

　　（勤靡餘勞　心有常閒）

と言った。「勤勉に働いて、全力を出し切れば、心はいつものどかである」という意味である。この「閒」がフランクリンの「休息」である。

　本当の休息、本当の幸福は、仕事の中にしかないことを説き明かしたのはスイスの学者であり聖者とも言われたカール・ヒルティであった。〔この頃〕ニートと呼ばれる若者たちが増えているという。何と不幸な人たちだろうと思う。その人たちには本物の「閒」も「休息」もないであろう。本物の仕事のないところには本当の休息はないからだ。本当の休息のある人こそ、敵の城を取る人より偉大だというわけである。　　（P200511）

＊４世紀から５世紀にかけて活躍した中国東晋の詩人。

よく愛せ、よく鞭(むち)打て。

　これと似たような諺は英語にはほかにもある。いずれも子育てや教育には鞭(むち)が重要であることを説いたものである。イギリスの学校で使った鞭というのは、細い棒で、打つところは手の甲と決まっていたようだ。いたずらをした子供や行儀の悪い子供を立たせ、両手を出させる。その手の甲をぴしりと打つものだったという。もちろんやりすぎの教師もいたと思われるが、その効果があったらしいことは、「鞭をはぶくと子供が駄目になる」という意味の諺がいくつもあることからわかる。

　日本ではどうだろうか。日本では鞭でなく、びんたを張ったり、頭を殴ったりした。これは旧制中学生として私にも経験がある。大きな木の定規で生徒の頭を殴る数学教師もいたからひどい話だった。体罰反対という意味はよくわかる。しかし子供に対して、鞭は必要なのではないか、と考える。私の家には子供が3人いて、二人の男の子は私よりも大きくなった。しかし彼らが小学生の頃までは、明らかに悪いことをした時は——たとえば親の財布からお金をとったとか——その理由を言って、立たせて鞭ならぬふとん叩きでお尻を打った。打たれたあと、子供はすっきりしたような顔をして、むしろ機嫌がよかった。私の家が家庭内暴力と無関係だったのは、よく愛して鞭も使ったからではないかと思っている。鞭は一年に一度も必要でなかったと思うが、諺は本当のようだ。

(P199906)

お客さんにご馳走(ちそう)して楽しんでもらおうと思ったら、あなた自身も楽しんでいなければならない。少なくとも楽しそうに見えなければならない。

　人を招(まね)いても、招いた側が楽しそうでなければ招かれた方も楽しくない、ということはわかり切ったことである。お義理(ぎり)で招かれたのでは、招かれた方だって迷惑(めいわく)である。これと同じことは学校教師についても言えることではないだろうか。学校は子供や青少年を知識の世界に招くことである。その招く側の教師が勉強嫌(ぎら)いだったり、知識欲がなかったりするならば、学ぶ側の意欲も湧(わ)きにくいのではあるまいか。
　先生が読書好きであれば、生徒の中の何人かは必ず読書好きになる。先生が古書(こしょ)に興味を持てば、必ず古書に興味を示す生徒が出てくる。先生が理科好きであれば、何人かの生徒は理科系の分野に向かって志(こころざし)を立てることになるであろう。私も〔42年〕間大学の英文科で教えたので、かなりの数の教え子たちが英語を教えている。英語教師を志す学生に対して、私は常にこうアドヴァイスして来た――「原書を読み続けなさい。エッセイでも小説でも論文でも。そうすれば必ず英語好きの生徒が現れる」と。同じことは家庭においても言えるのではなかろうか。親がまともな本を読み、知識欲があれば、子供も必ずそうなると言ってよかろう。

(P200106)

早寝早起きすると、人は健康になり、豊かになり、賢明になる。

　早寝早起きをすすめる金言・格言は昔から多い。日本でも「早起きは三文の得」と言い、英語にも「早起きの鳥は虫を捕える」という古い格言がある。電灯のない時代には、特に農業が中心の時代には、早起きしないことには仕事にならなかった。戦時中、山村に草刈りの勤労奉仕に出された時、起床時間は朝の3時半、山に登っての草刈りは4時にはじまる。それより遅い時間だと暑くてやっておれない、ということだった。

　夜の明りがふんだんになってからは、夜の仕事が増えた。実験や著述などの場合には、夜と昼が反対のことはザラにある。それで今の親は早起きということを子供に対してやかましく言わなくなってきているのではないか。第一に母親までが朝寝坊している場合が少なくないようである。

　しかし子供や青少年にとって早起きは極めて大切だと思う。私が子供の時、「学校に行く前の30分の朝読み（音読すること）」が学校でも家庭でもすすめられたものだった。朝5時に起きて1時間ちょっと予習する子供に不良少年はいないであろう。朝早ければ夜は眠たくなるから早寝になる。子供は自然だ。それは昔の農業の如く自然だ。日の出と共に起きるのは自然だ。フランクリンの言うことも自然だ。　　　　　　　（P200301）

亜麻は火から離しておけ。青少年は賭博(ゲーミング)から離しておけ。

　干した麻に火がついたら大変なことになる。火を近づけることは厳禁である。同じように青少年が賭け事に近づくのは危ない。賭博のことを英語でゲーミング（ゲームすること）と言っていることはゲームばやりの現代に参考になる。

　人間が判断するのは脳の前頭葉の部分である。知覚から入ってきた情報をここで判断して行動する神経に命令を下す。〔最近〕読んだ脳の研究によると、毎日ゲーム遊びを長時間やっている子どもの脳の中では、知覚から入った情報が前頭葉を使わずに、直接運動神経のほうに行くことがわかったそうだ。このごろ「切れやすい」子どもが増えたと言われるが、それにもゲームは関係あるのかも知れない。

　もう〔30年〕以上前になると思うが、数学者の岡潔博士（文化勲章受賞者）が、「近ごろの青年は前頭葉が発達せず、動物的になっている」と指摘されたことがある。前頭葉の発達が人間を人間らしくしているもとであることは常識になっていると思うが、そのための実践はあまり工夫されていないような気がする。読書すること、考えること、忍耐することを知ること、自己の言動を反省することなどなど、昔は「修養」といったことが、学校教育の場でも家庭でも軽視されているのではなかろうか。

（P200404）

邪悪な英雄は無邪気な臆病者を裏切る。

　梟雄（きょうゆう）という言葉を知ったのは小学生の頃に読んだ『三国志物語』（野村愛正）の中に出てくる曹操（そうそう）の説明としてであった。梟雄とは悪いことや残忍なことをやる英雄のことであるが、英雄にはたいてい悪いことも残忍なこともやる能力がある。織田信長が英雄であることは間違いないが、その犠牲になった比叡山の僧侶や一向宗徒にとっては梟雄ということになる。

　これは個人のことであるが、昔から列強と呼ばれた国々——英語で the Powers（ザ　パウワーズ）という——は人にたとえれば梟雄の要素がある。本当に弱い国や民族は植民地にされてしまう。そこの人々は奴隷扱いになる。はじめのうちは一応、条約やら約束やらやるのであるが、相手が本当に弱くて臆病と見れば——つまり戦争する力がないと知れば——併呑（へいどん）してしまうのだ。裏切りは日常茶飯事である。これはコロンブス以来、ずっと続いてきたことだった。日本も日清戦争以後は梟雄になったことがあると言えよう。つまり白人先進国なみになった時代があった。しかし白人の梟雄国どもは有色人種の日本が梟雄であり続けることを許さなかった。日本は敗戦し、占領軍の与えた憲法を押しつけられてきた。そして日本人の「安全と生存」は他の国民を信頼してこれに委（ゆだ）ねることにしたのである。何という「臆病な無邪気さ」であろうか。今の日本が梟雄国家どものいい鴨（かも）にされているのは、理の当然と言うべきものであろう。（P200009）

勤勉であれば願掛けを必要とせず、何かよいことをあてにして生きようとする者は餓（う）えることになるであろう。

　試験の前になれば、神様や仏様に願掛けする人が多くなるし、競馬や宝くじに期待をかけて生きている人もいるでしょう。願掛けや期待が悪いというのではありませんが、その前にやることがあるのではないか、というのがフランクリンの意見です。フランクリンはアメリカ独立の頃（ころ）の人です。目の前には無限の可能性がひろがっていました。勤勉であることが先（ま）ず第一でした。願掛けや、何かうまいことを期待するよりも、合理的な計画を立てる方がずっと重要だったのです。

　人の一生にたとえれば、若い頃は無限の可能性が目の前にひろがっている時代です。それはあたかも独立した頃のアメリカ人の前に無限の可能性がひろがっていたようなものでしょう。その場合、その無限な可能性を最もよく実現してゆく道は、願掛けなどではなく、毎日毎日の勤勉さです。お金が欲しくてもパチンコや競馬で当てることを期待するより、将来の人生を考える計画を立てることでありましょう。停年退職して年金で生活するようになったら、パチンコを楽しみ、ちょっともうけることを期待したり、宝くじを買って願掛けすることも悪くありません。しかし若い人の前には、まだ自分の才覚と努力で自由に変えうる広大な可能性の世界があります。それが若さです。

(K199609)

leisure（閑暇）と laziness（怠惰）は違う。

　フランクリンという人は「時は金なり」という言葉を発明した人と言われています。時間を無駄にしないようにという忠告をよくやっています。
　「しかし人は閑暇というものも持たねばならないだろう。」
という人に対してこう答えています。
　「閑暇というものは勤勉な人だけが獲得できるものであって、怠惰の人にはできないことである。」
そしてこう問いかけています。
　「怠惰の方が勤勉よりも、より多くの快適さを与えてくれると君は想像しているのかね。厄介なことは怠惰の結果生じ、必要もない快楽を求めていると、悲しいまで苦労することになるのだ。」
青年時代は何をやっても楽しい時期ですが、その時に無用な楽しみに耽っていて、心の底から楽しいでしょうか。盛り場をうろついておれば、必ず厄介なことが生じ、それこそ悲しいほど苦労することが後に続くのです。
　勤勉に本業に努める、生徒なら学業にいそしむ。そういう勤勉な生活をしている時に、休日などスポーツをしたり、散歩なり、学業に関係のない文学書などを読む、これが閑暇なのです。大人でもそうです。毎日、勤勉にやっている仕事があってのゴルフは閑暇です。無用な安逸に耽るならば必ず厄介なことが生じます。それは新聞の三面記事に毎日のように出ています。

(K199612)

勤勉であればあらゆることは容易であり、怠惰であればあらゆることが難しい。

「急ぎの仕事は忙しい人に頼め」という教訓がある。忙しく仕事している人、つまり勤勉な人は、何でもすぐにやる。そうでなければ仕事が流れないからである。ところが閑な人に物を頼んでもなかなかやってくれない。紹介状や推薦状を頼んでもいつになっても出来ない人がいる。これに反して忙しく仕事している人はすぐにやってくれる。

　手紙なども同じで、忙しいはずの人が最も確実に返事をくれるのに、閑な人間は手紙の返事もなかなかくれない。私の知っている留学生たちでもその傾向は顕著だ。向こうの大学で小論文を次々に書き、学位論文を仕上げるような青年は、中間報告もきっちりしているし、返事もすぐよこす。しかし何ら成すところなく帰国するような青年は、1年間留学してもクリスマス・カード1枚よこさない。送別会までしてやっているのに、である。その口実はいつも同じだ。「いろいろ忙しくて」である。つまり勤勉に仕事をやっていると、些事までてきぱきと片付けるようになるということではないだろうか。反対に怠惰でいると、葉書1枚書くのも億劫になって、そのうちそのうちと言って1年も経つということになるのであろう。この点、アメリカの大学が、教員に業績を発表し続けさせていることは賢明というべきだろう。だからノーベル賞も多いとも言えるのではないか。

(P200001)

勤勉は幸運の母なり。

　初めて買ったクジに当たって何億ドルももうける人もいる。生まれた時から貴族や大富豪の跡取りに決まっている人もいる。確かにそういう人は幸運と言ってもよいであろう。しかしフランクリン自身はそうではなかった。豊かでもない移民の子である。しかし勤勉に努力して、アメリカ独立宣言の起草にかかわり、アメリカの独立をイギリスに認めさせるという大功を立て、またアメリカ憲法制定についても大きな役割を果たした。

　そのフランクリンが自分の一生をふり返って考えてみると、自分を幸運者と考えざるをえなかったが、幸運は勤勉な努力と結びついていることにも気が付いた。勤勉が幸運と強く結びつき出したのが近代社会の特徴とも言えるのである。だれでも勤勉にやると、ある程度の幸運、時には大きな幸運とめぐり合いやすいといえるのが近代なのである。近代以前でも勤勉や努力が幸運と結びつくことはあったが、それはかなりまれなことであった。

　近代イギリスの発展を見た中村敬宇は、その秘密が「自助」にあることを発見し、『西国立志編』を訳して明治の青年たちを奮い立たせた。現在はさらに勤勉と幸運は結びつきやすくなっているのに、勤勉な人は増えていない。掃除のようなものを熱心にやっても、大きな収入を得ることができる世の中になったのに。

（P200308）

蟻より優れた説教者はいないのに、蟻は何も語らない。

「蟻ときりぎりす」のイソップ物語をみんなが知っていた時代の教訓である。われわれの周辺には生き方のヒントになるようなことがいくつもあるが、それは言葉で教えてくれるわけではない。フランクリンのころは教会は説教の場であった。カトリックはミサが主体で神父の説教はない場合が多いし、あっても中心ではないが、プロテスタントはよい説教師がとりもなおさず優れた聖職者である。アメリカは特に説教を重んずる宗派の人たちが建てた国であった。フランクリンはそういう宗教よりは実学や科学に興味のあった人だから無言の教訓を示している蟻と、説教をする牧師とくらべるということをやったのであろう。

黙々として仕事をやっている人たちの中に立派な業績をあげ、立派な人生を送っている人たちが多いことに、〔最近〕では「プロジェクトＸ」などで光を当てられるようになったことは喜ばしいことである。昔の母親には、黙々として立派な子どもたちを育てる人が少なくなかった。大きな事業を成しとげた男たちも、そういう母親には頭が上がらなかったものである。イソップの蟻の話が動物学的に正しいか否かは別として、黙々と働き、蓄積し、冬にあるいは次代に備えるという生き方が尊いということは変わらない真実であろう。

(P200407)

口を滑らすよりは足を滑らした方がよい。

　ある名門会社の社長が代表権のない相談役になった。この人は創立者の一族であって、代表権のある会長を永く務めていても不思議はなかった。経営の失敗もあったが、従業員の信頼を失ったことも小さくない原因だったと言う。不況で業績悪化した時、この人は次のようなことを言ったのだそうだ。
　「不況で業績不振だから、従業員のボーナスをカットしよう。そのカットで浮く金額は会社にとって大したものではないが、気持ちを引き締めてもらうによいだろう。」
ボーナスは会社創立者一家にとってはどうでもよいことであろう。しかし従業員にとっては重大な関心事である。特に住宅ローンを組んでいる人には死活の問題である。それを「気を引き締めさせる」という目的でカットされるのではたまらないと感じた社員が多くいたとしても不思議はない。たとえ社員の「気を引き締めさせる」だけの目的でカットするにせよ、社長はそれを口に出して言わなければよかったのだ。黙ってカットすれば社員は「不況のせいで仕方がないや」と思ったことであろう。そしてその社長は今も代表権を持ち続け得たであろう。足を滑らしたぐらいなら、せいぜい足首捻挫ぐらいのものだが、責任ある人が口を滑らすと重大なことにもなりうるのである。歴史上の大事件でも「口が滑った」ために起った例は枚挙にいとまがないのである。

(P199912)

経験とはコストのかかる学校だが、愚者はそこで学ぶより仕方がない。しかもそこでも学ぶ者は稀なのだ。

〔2、3年〕前に、もと駐タイ大使の岡崎久彦氏と対談で本を作ったことがある。そのタイトルは『賢者は歴史に学ぶ』であった。これはドイツの大政治家ビスマルクの言葉だと言う。ビスマルクは19世紀の後半、30余国に分れていたドイツを統一してドイツ帝国を建設した。世界中が不可能と考えていたことであった。彼は奇蹟的とも言える外交的・軍事的成功の連続によってそれを成しとげたのである。彼は関係する地方や国々の歴史を徹底的に研究したと言う。それを博大な記憶の中に収め縦横にその知識を活用したのである。そこから「賢者は歴史に学び、愚者は経験から学ぶ」と言ったのであった。

しかし経験から学ぶことの出来る愚者はそれでもましな方だとフランクリンは考える。経験からでさえ学ばない人、つまり本当の愚者が多いのである。私なども本の整理や時間の配分など、経験から学んだことはよくあるが、その教訓がなかなか身に沁みこまず、同じ愚行をくり返しては反省している。それでも経験からでも学ぶべきだということを忘れないようにしているために、少しは仕事もできたのではないかと思っている。しかし何度も愚かな経験をくり返していることは恥ずかしいことだ。

(P199811)

米櫃(こめびつ)から取り出すだけで入れなければ間もなく底が現れる。

　学生頃に故本間祐介氏（戦後に酒田の本間家を支えていた人）から聞いた話である。本間さんは若い学生たちに「知識というものは使っているうちに減るものですな」と言われた。本間さんによると、偉い学者の話でも、二度三度と聞いているうちに内容がどんどん薄くなる感じがすることがある、というのである。これはどんな大学者でも勉強を続けていないとどんどん内容が乏しくなるという発見である。小説家でもデビュー作はすばらしいが、どんどん内容が稀薄(きはく)になり読むに耐えなくなる例は枚挙にいとまがない。だいぶ前に『二十歳にして心朽(ここちく)ちたり』という本が評判になったことがある。それは旧制一高（今の東大駒場）の同人雑誌で断然頭角を現して、他の秀才たちから仰ぎ見られていた某青年の話であった。その青年は東大卒業後、会社に入り、どうという業績もなく死んでしまったという。この人は凄い早熟児だったのだろう。しかし自分の天賦の才能に頼って地味な愚直な勉強を怠っているうちに「神童」も「ただの人」になったものと思われる。知識さえも勉強し続けないと減るのだ。いわんや物資的な蓄えにおいてをや。フランクリンはもちろん物資的蓄積のことを言っているわけだが、彼自身は、知識においても一生涯減ることのなかった人であった。

(P199712)

「君自身ほど君をしばしば欺いた者はいるかね」

　正月に張り切って立派な日記を買う。「今年こそ日記をつけよう」と新年に決心して、途中でやめてしまう場合がよくある。わたしの父はそういう人だった。立派な日記のはじめのほうだけに書き込みがあり、大部分は空白であった。それは戦争直後、書く紙がない時代には、わたしのノートとして大いに役だってくれたのであったが。

　日記に限らない。タバコでも酒でも、やめようと決心し、「今度こそやり抜くぞ」と心に誓いながら、禁煙禁酒のできない人は少なくない。早起きもそうである。毎日、朝5時に起床し、学校や職場に行く前に、1時間ぐらいの読書や15分ぐらいの英語の朗読を続ければ自分を向上させることは間違いないのに、何度決心してもできないのが人の常である。

　〔最近〕、35年間も出版社の社長をやっている女性に会った。もう70を超える年齢であるが毎朝4時半に起きるそうである。じみな出版を続け、時にはヒットを出して30年以上経営を続けるためには、常に新しい著者を見つける努力、新しい企画の発見が重要だ。社員の出社の前に話題の本に目を通しておくぐらいでないと駄目なのだ。しかし凡人は自分が自分に立てた誓いを破り続ける。そこでおすすめしたいのは自分の自分に対する約束の8割ぐらい守ることである。早起きも10日に2回は守れなくても気にしない。すると続きやすいとわたしの体験は教えてくれる。

(P200711)

妻を迎え入れる家を持つまで結婚するなかれ。

　植民地時代のアメリカのことであるから、丸太小屋の家を作るのが男の仕事だった。その小屋もないうちに妻を求めてはいけないというのは当然のことだろう。今は必ずしも一戸建ての必要はなく、マンションでも公団住宅でもよいだろう。近頃の殺人傷害事件のニュースを見ても、かなり多くの場合、男に定職がなく——住居の確保などできないしローンも組めない——女性のほうがいやになって別れ話を出したところ恨まれて殺傷されたという内容になっている。フランクリンの教えを知らない男と女の話ということになる。

　ついでに私の事を言っておけば、職業柄、大量の重たい本が座右に要ることは始めからわかっていた。オックスフォード英語辞典だけでも安普請(やすぶしん)のアパートなら床がおかしくなる可能性がある。独身の時は大学の図書館に住んでいたからそれでよかった。それで私は自分の本のおける書斎のある住居のメドがつくまで結婚できないと決めていた。そのため結婚は遅くなったが、長い人生ではそれがよかったと思う。私の教え子たちにも学者になる者にはこの忠告をする。〔今年〕の3月に文学博士になった男はもう50歳をすぎているが、私の忠告を守って自分の書斎のメドがついてから結婚した。そうでなかったら、大学を卒業して20年もかけて文学博士の論文は書けなかったであろう。

(P199907)

老嬢はそこで(地獄で)猿を率いるが、老独身男はそこで(地獄で)猿になる。

　イギリスの古い諺では、「未婚のまま死んだ老女性は、地獄に行って猿を率いる」という。シェイクスピアの『じゃじゃ馬馴らし』にも出てくる言葉である。どうしてこういうイメージが生じたか知らないが、leadという単語には「（人生を）おくる」という意味と「率いる」という意味があるので、それをひっかけた地口ではあるまいか。子供を残さずに死ぬ老嬢（日本ではオールド・ミス）は、あの世では天国に行けず、猿の頭になっているという意味であろう。

　この古い諺にフランクリンは更につけ足して、結婚もせずに一人暮らしのまま死ぬ男は、地獄に行って猿になるというのだ。なんだか輪廻転生みたいな話であるが、結婚もせず子を残さないままで死ぬ男女に対してきびしいことを言っているのである。シェイクスピアの『ソネット』などにも子孫を残すことの重要なことを切に述べているものがある。「子宝」という思想は日本だけでない。子供がいなければ家が断絶し、更に言えば民族も消える。この頃の少子化は、パラサイト・シングルと言われるような、それなりの収入を得て楽しく遊び廻る生活を送りながら、男としての、また女として自然本来の義務はいやだと避けている若者たちによって生じた現象である。彼らは次の世で猿になるのかな。

（P200109）

妻を得ることは気苦労を得ることだ。

　高校のころに英語の先生——もう老人でいらっしゃった——が、W・アーヴィングの文章の授業から脱線して、イギリスの学者には意外に独身者が多いという話をしてくださった。その理由は「どうも自由を失うかららしい」と言われたのである。当時のわれわれにはピンとこなかった。結婚した女性によって、その夫が不自由になるということは、当時の日本ではまだ考えられなかったからである。

　しかし英文学をやったり、実際にイギリス人の生活を少し知ったりすると、その時の老先生の言ったこともわかるような気がしてきた。結婚したら妻と社交を共にしなければならない。人を招いたり招かれたり、オペラに行ったり音楽会に行ったり。そのためには衣裳代やら何やらも少なからぬ出費になる。子どもが生まれれば教育費もバカにならない。よっぽどの財産もあり、何人もの女中が使える人なら別だが、学問のための時間は大幅に減る。それを知っておれば独身に限る、という人も出るわけである。

　このごろの日本でも、結婚すると何やかやと気苦労が多くなり、学問ができなくなる若い学者も少なくないようだ。昔の日本なら結婚するとかえって勉強しやすいと言われたりしたものだが。それにもかかわらずたいていの男は妻を得る。昔なら家系を残すため、今なら自分のDNAを残すためである。しかし自由をかなり失う決心の必要な時代になってきたようである。

(P200403)

皿数多ければ病多く、薬数多ければ治癒少なし。

　美食を続けることが病気のもととなることは西洋でもよく観察されたことがらである。特に西洋の食事には肉類や乳製品が多かったからその危険が大きかったと思われる。近頃は日本でも昔はあまりなかった病気が大きな問題になっている。これは食事の欧米化によるものであるとしばしば指摘されているところである。もっとも日本では平均寿命が大幅に延びたのも食事の欧米化によるものとされているからプラスの方が大きいとも言えよう。昔は蛋白質などの摂取が少なすぎて肺結核などが多かった。

　しかしこれからはどうだろうか。子供の時から欧米風の食事で育った子供は案外長生きしないのではないか。〔先日〕、私が初めて教えたクラスの同窓会に出たら、その1割以上が死亡していることを知った。理由は食事だけではあるまいが、子供の頃の美食が少しは関係があったのではないか。

　薬となると確かに問題が多いようだ。〔厚生省〕が認めた癌の治療薬で本当に治った患者はゼロだろうという人もいるくらいだから恐ろしい。新薬が出ると病菌の方にも抵抗力が出来るし、治癒力よりも副作用の方が大きい薬も少なくないらしい。皿数はほどほどの食事をして、天が与えてくれている抵抗力を増すような生活態度がよいことはフランクリンの時代と本質的に変っていないと言えよう。　　　　　　　　（P199911）

自分を抑えよ。自分のためにも。

　幸田露伴は福、つまり幸運を引き寄せる心掛けをいくつか教えている。たとえば「惜福」というのがある。これは何かよいことがあった時に、その幸運を浪費しないようにせよ、幸運を使い尽さぬようにせよ、ということである。

　たとえば給料のいい職業、あるいはアルバイトがあった時、その収入を全部使っても誰も文句は言わないであろう。しかしそのウマイ話──収入の多い職業やアルバイト──は案外短期間で終わるかも知れない。その時、あわてるのは悲惨である。調子のよい時に緊縮する心掛けがあると、そのウマイ話が案外、長く続く、ということも案外多いのである。IT関係で急にもうかった会社の若い人たちが、一転して借金取りに追われているという話も珍しくない。

　調子のよい時に自分を抑えること、これが露伴の教える「惜福」なのである。私の知っているある自動車部品メーカーの社長の話である。バブルの始まった頃に、「日本の自動車生産は年間１千万台を越えることになる」という景気のよい話を経営セミナーで聞いて、彼は「みんなその気になったら大変だ」と思って設備拡大どころか、受注をしぼってもやれる体制に会社を変えたのである。もちろんその人の会社はバブル破裂後も、超優良会社として生き残っている。その社長は福（好景気）を惜しむことを知っていたのだった。
　　　　　　　　　　　　　　　　　　　　　　（P200304）

目上の者には謙遜に、同僚には礼儀正しく、目下の者には高貴であることが義務である。

　目上の人にへりくだる、ということや、仲間や同僚に礼儀正しく、というのはいわば常識であって、まともな人ならたいてい実行していることであろう。

　しかし目下の者には高貴（noble）であることを義務として指摘した点がフランクリンの偉いところであると思う。下の人から見て、上の人が高貴に見えるようであれば、その団体、その社会は輝かしいものになる。上の者は、その高い身分に伴う徳義上の義務を持つことは、noblesse obligeとして日本でもよく口にされる。

　イギリスは貴族制の国である。貴族の子弟たちはいい学校に通い、豊かな生活を楽しんでいた。そこに第一次大戦が始まった。イギリスは徴兵制でなかったから、オックスフォードやケンブリッジの学生たちはどんどん志願兵になった。片足の学生は「飛行機なら乗れる」と言って航空隊に入って活躍した例もある。あまりにも沢山のエリートの若者が戦死したので、戦後は極端な平和主義がはびこり、ヒトラーの台頭を許したというくらいである。かえりみて日本のエリート官僚や、この前の大戦のときの上級将校には、高貴でない人が多すぎたという感じを拭うことができないのが残念だ。

（P200302）

細工を弄する人が、めったに自分の人生をうまく細工できないのはおかしい。

　フランクリンは「おかしい」と言っているが、これはもちろん皮肉である。小細工をいつもうまくやっている人が、人生でうまくいっているか、と言うとそうでもないことは、私ぐらいの年齢になるとよく見えてくる。そう言えば、日本にも「器用貧乏」という言葉があった。何をやらせても器用にこなすが、いつも貧乏でピイピイしているというタイプの人は、昔からあったのである。

　どうも永い人生では、運・根・鈍と言われるものが物を言うようだ。運については、ここで語らないとするが、根がよい人、どこか鈍なところがある人の方がうまくいっているような気がする。利に聡いのはよいとしても、個人生活の面では、自腹を切ることも必要だろうし、損な役もやらざるをえないこともあるだろう。そういう局面をすべてうまく逃げるような人もいるだろうが、人生の決算期になると案外得をしていないことが多いのではないだろうか。

　本多静六博士は私の最も尊敬する人だが、この人はまず定まった収入の2割を何が何でも預金し続けろ、とすすめている。これは根と鈍の道である。そのうち運も知恵もついてくる。そうしたら損な役割もすすんで引き受けるようにせよと教えてそう実行なさった。器用の正反対の人生であったが、堂々たる大成功者であった。

(P200011)

しょっちゅう植え替（か）えられた木や、しょっちゅう引っ越している家庭が、動かないでいたものよりもよくいっている例を私は見たことがない。

　移住や転業が激しいアメリカでも、「腰を据（す）えること」の大切さをフランクリンは忠告しなければならなかった。日本の転勤は同じ会社や同じ役所の中の話であるからその対象に入れなくてもよい。またヘッド・ハンティングでよりよいポストを与える会社に移るのも悪くはない。警戒（けいかい）しなければならないのは、「しょっちゅう」職場が変わり、住所が変わる人たちのことである。
　〔最近〕の凶悪（きょうあく）事件を見ると、若いのに何度も転職している例が多いことに気が付く。ニートは問題外として、フリーターのマイナスの点は、仕事が「しょっちゅう」変わることである。どんな仕事でもマスターするには何年もかかるはずである。若いうちに何度も変えていたら何のプロにもなれないであろう。芭蕉（ばしょう）も「終に無能無才にして此一筋につながる」と言っている。わたしがこの芭蕉の言葉を覚えたのは十代のころであった。それから〔60年〕ほど経って振り返ってみると、だいたい「この（この）一筋につながって」きたようだ。18歳のときに入学した大学に70歳まで勤務し、女房とは金婚式に〔近い〕。そして〔45年〕前に住み始めたところに〔まだ住んでいる〕。あまりにも動きのない一生だったので喜寿の前に一度引っ越しをしようかと考えているところである。
　　　　　　　　　　　　　　　　　　　　　（P200701）

根気よくやっておれば二十日鼠(はつかねずみ)でも太い綱(つな)を嚙(か)み切ることができる。

「点滴(てんてき)、石を穿(うが)つ」という諺(ことわざ)は、雨だれでも絶えず落ちていると、固い石にも凹(へこ)んだ跡(あと)がつくということで、日本でもよく言われているし、ローマ人の諺にもある。いずれも根気よくやることの大切さを教えている。

水滴と石という生命のないものの関係ではなく、小さな二十日鼠と太い綱にしたところがフランクリンの上手なところである。二十日鼠が綱を嚙んでいるところの方が目に浮(う)かべやすい。

たしかに何かを学ぼうとした時に、その前に立ちはだかる障壁(へき)は巨大に見えるものだ。私が旧制中学校に入学した時は昭和18年で、日本軍がガダルカナル島から撤退(てったい)した翌月頃(ごろ)から英語の授業が始まったことになる。英語の教科書は戦争が始まる前のものと同じで、戦時色は全くなかった。そして7月の終わり頃に1学期の試験があった。まさか英語の単語のスペリングまで覚える必要があると思っていなかった。またそんなことができるわけがないと思っていた。そして人生最初の英語の試験で私は落第点（赤線が点数の下に引かれるので赤座蒲団(ざぶとん)という）をもらった。「英語のスペリングなど覚えられるはずがない」と思っていた私も、それで仕方なく覚える努力を始めた。落第しないためにである。そうしたら何と覚えることができたのである。少しずつ覚えれば覚えられることを悟(さと)ったのだった。

(P200105)

大いに才ある人（グレイト・ウイット）は飛び跳ねて柱に頭をぶっつける。

　機知に富む人や才人を英語でウイットと言う。元来この単語は「機知」という意味なのであるが、「機知に富む人」とか「当意即妙の受け答えのできる人」という意味にも使う。その機知が、漫才などでやっている分にはそれを磨けば磨くほどよい芸になる。またすぐれた脚本を書く人はウイットの人でなければならない。ドラマは即妙の会話で成り立つからである。シェイクスピアなどもその意味ではグレイト・ウイットと言えるであろう。

　しかし実務の場ではしばしば危険である。私が子供の頃、町内に洒落の非常にうまい人がいた。みんなを笑わせていたのだが、文字通りその人の家は潰れた。金に困って修理もろくにしなかったので、屋根が落ちたのだった。うまい冗談は座を明るくするが、冗談のうまいことを自慢するようだったら、実務の世界でも危ないであろう。

　〔何年〕か前のことになるが、首相候補になった人たちを、凡人とか軍人とか変人とか巧みに仕分けして見せて日本中のテレビ視聴者を感心させた人がいた。その人が大臣になってみたら嘘ばっかりついたり、担当の省の役人と喧嘩ばかりしたり、他の政治家の非をあばいたりばかりしているうちに、自分は国の外交を危うくしてクビになり、更に自分の不正が露見して刑務所行きになりそうな人もいる。

(P200210)

人生を愛するならば時間を浪費するな。時間こそは人生を作り上げている材料なのだから。

齢をとると「若い頃はどうしてあんなに時間があったのだろう」と不思議に思われてくる。子供の頃は正月を楽しみにしてもなかなか来なかった。ところがこの頃はあっという間に、「また正月か」というぐらい時間の経つのが早い。若い頃から今のように「時間のなさ」を実感することができたならば世話はない。それは老いの繰り言だ。目の前に無限の時間が拡がっているという感覚こそ青春のあかしかも知れない。青春を謳歌するというのはそういうことなのであろう。だからそれはそれでよいのだが、時間が無限にあると感じられる年頃に、それを少し——ほんの少しでもよい——節約する気になった人と、無限にある時間という感覚に溺れ切って青春を過した人とは、後になってから大きな差になるのではないか。無限にあると思われる時間のうち、毎日30分でも語学をやった人とか、ピアノを弾くことにした人とかは、中年以後の人生にはかり知れない可能性や喜びの源泉を作っていることになるだろう。どう考えても人生を作り上げる素材となるものは時間である。この時間をどのように使ってゆくかが、とりもなおさず、どのようにあなたの人生を創り上げていくかになるわけだ。時間は無限にあると思える時に賢明な使い方を考えるべきだろう。(K199607)

子供と愚者は20シリングと20年間は使い尽すことができないと思っている。

　子供の時、1銭銅貨50枚を紙に筒状に巻いたものをお祭りの時にもらったことがあります。まんじゅう1個が1銭の時ですから、子供にとっては大金です。使い切れないというような感じでした。アメリカ独立の頃の20シリングの価値はどのくらいのものであったか知りませんが、子供にとっては大金です。幼稚園児が100円玉を2千個ぐらいもらったと考えてみましょう。飴玉やまんじゅうならいくらでも買えそうな気がするでしょう。しかし大人はそんなお金はすぐなくなることを知っています。

　15歳の少年にとっては、今まで生きてきた15年間よりも長いこれからの20年間は、永遠に続く長い時間のように思われるかも知れません。しかし私ぐらいの年になれば、過去の20年間などは瞬時にして過ぎたという感じです。年をとればそれは誰にも解ります。しかし若い人、特にフランクリンが「愚かな」と言ったような人は、これからの20年という時間は使い切れないほど長い時間に思われるのです。子供にとっての20シリングのように。愚かな人間にならないための第一歩は、これからの20年はすぐに経ってしまうのだ、ということを念頭におくことです。20年は使い切れないほどの長い時間では決してないのです。

(P199802)

財布軽ければ心重し。

　右上りの高度経済成長が続いている時は、自分のお金を持たない企業家でも、借金して投機し、どんどんもうかるように見えたものであった。しかしその時期が終って見ると、200年以上も前にフランクリンが言っていたことが再び実感されるようになった。個人でも無理なローンをした人は、折角そうして手に入れた家を手離さなければならないという悲劇が方々で起っているらしい。政府が音頭を取ってやった「楽々ローン」とか何とか言うのも、それを信じてローンを組んだ人を苦しめていると報道されていた。政府の金融政策を預っていた人たちも、フランクリンの言うことが解っていなかったのである。

　フランクリンの時代はアメリカ独立前後の頃であり、植民した人たちはみんな自己責任の時代であった。確かに初期の自由経済の時代は、生産力が十分でなかったら、富の偏重が貧しい人の困窮を生んだ。それを訂正しようと私有財産を廃止し、すべて国家が面倒見ようという政府が出来た。ソ連や毛沢東時代の中国、かつての東欧諸国、北朝鮮、キューバなどである。結果は自由経済の国よりもはるかに残酷に民衆を苦しめるものであることが解った。そして世界は再び自己責任の時代にもどっている。国が面倒を見てくれることは期待しない方がよい。そのためには会社も個人も軽い財布を持って重い気持ちになるようではいけない。

(P199901)

神様は自分を助ける人を助けて下さる。

　これは「天は自ら助くる者を助く」ということわざとして有名である。このサミュエル・スマイルズの言葉は中村敬宇によって明治初年に『西国立志編』のモットーとして訳されたが、この本のタイトルは短縮して『自助論』とも言われる。フランクリンもスマイルズも同じことを言ったのであるが、「自ら助ける者（人）」が、フランクリンではthem、スマイルズで those となっており、フランクリンの「神」がスマイルズで「天」になっているが意味は全く同じである。ただフランクリンのほうがスマイルズよりも数 10 年前に言っていることになる。

　独立したばかりのアメリカに社会保障や福祉国家の観念はない。頼りになるのは自分の努力であり工夫であり健康である。あとは友情や慈善や家族をアテにするしかなかった。19 世紀後半のイギリスの極盛期にも事情は同じであった。頼りになるのは自分の勤勉、正直、創意工夫、健康などであり、あとは友情か慈善か家族である。

　その後社会主義国家が福祉国家の幻想を人々に与えたが、ソ連や東欧の例でそれは虚妄であることがわかった。今でも北朝鮮はそうらしい。社会福祉は豊かな国々においては最低限は保たれるかも知れないが、日本でも国民年金制度の全壊は時間の問題となってきた。人々は再び明治維新のころにもどって、自助精神を奮い起こし、勤勉、正直に努力し、創意工夫し、自らの健康に気をつける時代となったようである。あと頼れるのは友情と慈善と家族があるだけ。　　　　　　　　　（P200406）

今の一つは明日の二つに勝る。今日できることを明日に残すことなかれ。

　世の中には大思想家、大哲学者と言われている人が多くいる。しかしそういう人たちの言っていることが一般の青少年の役に立つかと言えば、まずはあまり関係がない。これに反してフランクリンは思想史や哲学史では重視されることはないと言えるが、その言っていることはことごとく向上、修養、成功を望んでいる青少年、いな、すべての人に役に立つ。

　フランクリンは独学の人であるが、印刷業から新聞出版業をやり、フランクリン・ストーブ、遠近両用メガネ、避雷針などの発明者でもあり、ペンシルヴァニア大学の基礎を作った。アメリカ独立の際は、独立宣言文や合衆国憲法の作成に重要な役割を演じたほかに、フランスに行って軍事的、財政的援助を取りつけることに成功し、アメリカの独立に絶大な貢献をなし、かつイギリスに行って平和交渉を成立させた。

　こういう超人的な人であるが、独学・自修・立志・修養で自らを育てた人だから、言っていることが平凡な人の役にも立つのである。今日できる宿題は明日にのばさない、今日書ける手紙の返事は今日中に書く、ということを続ける人は——少なくともそうしようと努力する人は——そうでない人とは10年後、20年後に巨大な差を生ずるに違いない。そんなことは還暦になれば誰にでも実感できる。若いうちに実行できる者は幸いなるかな。

(K199605)

怠惰は錆(さび)のようなもので、労働するよりも早く腐らせる。使っている鍵は常に光っている。

　うちのくぐり戸にも鍵がついている。使うことがない戸だったので、今は鍵を使っても開かない。私はフランクリンの言ったことを思い出した。井戸も同じようなものである。〔35年〕前、私の住んでいるところは水道がなく、みんな井戸を掘ってモーターで汲み上げていた。そのうち水道がひかれたので井戸の方は使われなくなった。しばらくしたらモーターを動かしても水は出なくなったと近所の人たちは言う。私のところだけが池の鯉の水のため毎日モーターを何時間か動かすので、今でもよい水が湧き出ている。物を使うということは消耗することではなく機能を高めそれを維持することでもあるのだ。人間の肉体や頭脳も同じことらしい。散歩をやめない老人は高齢になっても歩ける。私の場合気になるのは頭の方である。年をとれば物忘れが激しくなり、新しいことは覚えにくくなる。このことに気付いたので、〔6年〕前から私はラテン語の格言や名文句を暗記することを始めてまだ続けている。面白いもので一つの文を暗記する時間が短くなった。それと共に昔は覚えることのできないでいた日本語やドイツ語の歌詞を4番も5番も、いな7番あるものは7番までも苦労なく暗記で唄えるようになったし、七言律詩の漢詩を覚えるのも楽になった。鍵も使っておれば錆びないというフランクリンの言葉は本当だった。

(K199606)

忠告は与えることができるが、行為を与えることはできない。

　このことを平たく言えば、口で言ってきかせても、全く聞く気のない人が多い、ということである。フランクリンもそれに気付いていた。そして「忠告に耳を傾けない人はどうしようもない」と匙を投げている。確かプラトンだったと思うが、「馬を水辺まで連れて行くことはできるが水を飲ませることはできない」と言っていた。昔から賢者も匙を投げなければならないような人が沢山いたという話になる。

　それは今でも同じであろう。若い頃に勉強しなければならない、とか、青壮年期に飲みすぎると中高年になってからこたえるぞ、とか、世の中には忠告すべきことはいくらでもある。しかし耳を傾けない人も多い。では忠告が行為に移るようにするにはどうしたらよいか。おそらく万能の方法はないであろう。しかし自分がすすめる行為を自ら実際に示すことによって少しは「行為を与える」に近いことができるのではないだろうか。学校教師にとって教え方は大切であり、忠告を与えることも重要だ。しかし教師が自らよく学ぶ者であることを実践によって示すならば、生徒のうちの良質の部分は感銘を受けて学に志すこともあるだろう。そうなれば「行為を与えた」と言ってもよいのではないか。行為を与える教師と、それを受ける生徒こそが、本当に教育が行われている姿であろう。　　　（P199902）

死骸のあるところに禿鷹は集まり、よい法律の国に人が集まる。

　禿鷹や烏は死臭に敏感で、動物の死骸のあるところに集まることはよく知られている。「よい法律」は「よい体制」と言い換えてもよいであろう。ベルリンの壁が崩壊する前には、共産主義・社会主義体制を賛美する人が多くいた。不思議なことに、スターリンのソ連やソ連支配下の東欧や、毛沢東の中国に移民しようという民衆はいなかった。逆にそれらの国々から、西ヨーロッパやアメリカに移民したがる人々は無数にいた。つまり西欧やアメリカの「法律」は一般民衆に住みよくできており、共産主義・社会主義の国々の法律は一般民衆に住み辛くできていた、と言えよう。社会主義国を讃える人々も社会主義国に移民したり、息子や娘を移民させることはしなかった。そういう国の実体は、一握りの権力者以外は極めて住みにくい法律（体制）になっていることを社会主義者・共産主義者も本当に知っているのである。

　アメリカは貧富の差が大きいと批判する人も多い。しかしアメリカから他の国に移民したがる人がいるという話は聞いたことがない。相対的に「よい法律」の国と言ってよいだろう。同じことは資本についても言えるであろう。アメリカには世界中からの投資に金が集まっている。日本からも大量に流れ出している。これを日本の財政当局は考えるべきである。(P200002)

弁護士と説教師と四十雀(しじゅうから)の卵は、孵(かえ)ってもちゃんと育つものは少ない。

　アメリカは弁護士の国だし、牧師（説教師）の国でもある。この二つの職業は、医者とならんで知識を使う仕事だ。多くのロー・スクール（法学部）や神学校から続々と弁護士や牧師は作り出される。弁護士資格や牧師資格を取った人のことを、鳥の卵が孵化(ふか)したことにたとえると、ちゃんとした成鳥になる者は少ないと嘆いているのである。悖倫(はいりん)＊の弁護士や牧師が少なくないことは今日でもあまり変らないであろう。

　この「弁護士」や「牧師」のかわりに「教師」をもってくれば今の日本にもあてはめることができる。戦後の教育改革で先生になる資格が簡単になった。昔は師範学校や高等師範学校を出ないとなかなかなるのが難しかった。教師になる門戸を広くしたことはよい点もあったろうが、単なるデモシカ教師を作ったことも確かである。教師免状を与えるのは、つまり孵化させることはやさしいが、立派な教師になるのは難しい。立派な教師とはどういう人を言うのだろうか。私は勉強をし続けている人で、教える学科についての実力のある人だと思う。そういう先生は必ずすぐれた生徒によい刺戟(しげき)を与える。質のよい生徒を知識の面で刺戟できない先生は、どんなに温厚で品行方正であっても、教師としては育っていない人だと言えよう。

　　＊悖倫：　人倫にもとる。　　　　　　　　　　（P200006）

「これをやれば自分は何か善を成したことになるだろうか」と自分自身に問いかけるほど高貴な問いはない。

　人生にはまことに些事（つまらぬ小さいこと）が多い。日常の生活においても、こんなことして何になるのだろうと思うことがよくあるものである。「給料を与えられるからやるだけだ」というような仕事も多いであろう。しかしそういう場合でも、その仕事にある意義を見出し、一つの善を成しとげているのだということが、自問自答の結果出てくるようであればすばらしい。

　たとえばファミリー・レストランで給仕のアルバイトをする。マニュアルがあるからその通りやればよい、というのは一応立派である。しかし更に一歩進んで考えてみる。「こんなことをしているのに、何か善を成したことになるのか」と自分に問うた結果、自分が愛想よくテキパキやるとお客さんは喜ぶ。それは世界の喜びの総量を増したことになるのではないか、とか、もっと具体的に、わたしはこの仕事の収入で学費を得ているので、親を助けているのだとか、そう考えることができれば更にすばらしい。

　自分の仕事や勉強や生活のしかたにも、こういう自問自答の習慣がついている人は、結果的にいろんな意味での成功した人生、充実した人生を送ることになる。〔喜寿〕にもなると、それがよく見えてくるのだ。

（P200709）

嘘は借金に騎乗している。

　フランクリンは借金を嫌いました。むしろ憎んだと言ってよいでしょう。「二番目の悪は嘘をつくことである。最初の悪は借金をすることだ」とも言っています。借金というものがいかに人に嘘をつかせるものであるかは多少人生を経験した人なら誰でも知っているでしょう。

　しかしこの頃は借金をし易くなったようです。昔は伯父さんの所へ出かけて叱言を言われながら平身低頭してお金を借りた若者も、近頃は簡単に借りることができるようになっています。上手な、また便利な借り方もあるでしょうが、返済できなくなる人も少なくないようです。夫にかくして借金する妻は、夫に嘘をつかなければならない。その借金を返すために売春をやっている主婦たちの報道もありました。また借りすぎて自己破産する青年も少なくないようです。自己破産は結局は「返さない」ことですから、相手が何であれ、嘘をついたことになります。そして自己破産したことのある人が、将来、責任のある地位を与えられることは難しいでしょう。それよりも個人相互間における借金は必ずと言ってもよいほど関係を悪くします。借金するくらいの人はすぐ返せません。返せないと嘘をつきます。そして貸してくれた人を恨むに至ります。ハムレットに与えられた忠告も、「貸すなかれ、借りるなかれ。借金は友情を失わせるからだ」ということでした。　　　　　　　　（P199807）

空の袋は真直ぐ立たない。

　フランクリンは諺作りの名人であった。「時は金なり」というのもその一例だが、今回のものも、よく引用されている言葉になっている。語り継がれて行くような形で人生の知恵をまとめるのが上手だったのである。

　フランクリンは借金を嫌った。特に贅沢するための借金を嫌った。彼は言う。「もしある政府がその庶民に貴族や上流階級のような服装をするな、と禁じたら、その政府は圧政をやっていると言うだろう。しかしあなたが借金するならば、金を貸してくれた人はあなたに同じような圧政を振うことができる。借金を返さずに美麗な服装をした者を投獄させることができるからだ（当時は借金を返せぬ人のための牢獄があった）。」

　しかしこれは昔話ではなかった。〔最近〕、借金をし過ぎた東南アジアの国々は、にっちもさっちも行かなくなり、IMF（国際通貨基金）の厳重な監督の下におかれている。たとえば韓国*注の人は、「IMFの植民地になった」と言って憤慨しているそうである。フランクリンの教訓は国家のレベルでも本当であったのだ。

　フランクリンの教えは具体的、かつお金に関したことが多いが、「お金」を「時間」とか「知識」とか「信念」に置き換えることができるのが特長である。「空の袋は真直ぐ立たない」というのは「空の袋」を「信念のない人」とか、「知識のない人」とかに置き換えることもできよう。
　　　　　　　　　　　　　　　　　　　　　　　　（P199808）

　　＊注：1997年12月、韓国が通貨危機（国家破綻の危機）に陥り、
　　　　　IMF（国際通貨基金）による救済を得たこと。

朝起きた時に借金があるよりは、夕食なしで寝た方がよい。

　これは徹底的に個人の借金を嫌ったフランクリンらしい言葉である。私はフランクリンの場合に「お金」と言っているものを、「時間」と置き換えて読むことにしている。そうするとこの言葉も、「今日のうちにやらなければならない仕事を残して寝るよりも、徹夜してでもやってしまえ」ということになる。

　たとえば締切りの迫った原稿があるとする。「明日の朝、一寸早く起きてやればよいや」と言って寝るとする。ところが翌朝はそう都合よく早い時間に目が醒めない。ということで締切りにおくれて編集者に迷惑をかけてしまうことになる。そういう時は、徹夜してでも仕上げた方がよいのだ。その方がかえって安心してぐっすり眠れるから、目醒めもよいという結果になることが多い。

　考えて見ると学生の頃の試験でも同じことだった。「今晩はこのぐらいにして、残りは明日早く起きてやろう」と言って早く起きることに成功したことが何回あったろうか。起き損ねて、試験範囲を全部カバーできず、準備しなかったところから問題が出た、ということが何回あったろうか。今日やるべきことを仕残すということは、ある種の借金である。それを抱えて翌日起きるよりは、夕食抜きでも、つまり徹夜覚悟でも、その日のうちに仕上げて、安らかに床に就いた方がよいのである。

(P199810)

ちゃんと給料を払ってくれる人は、それをもらう人の財布にとっては君主(ロード)である。

　給料をくれる人はありがたい。もらう人にとっては殿様(とのさま)みたいなものだ。これは会社が破産したとか、リストラされた人にとっては切実なものであろうし、順調にいっている時にはそれほど実感されないことも多い。封建(ほうけん)時代の殿様、特に徳川時代の平和な時の殿様が家来(けらい)に対して絶対的であったのは、平和時の武士は浪人になったらほとんど生活の立てようがなく、悲惨(ひさん)な状況になったからである。

　近代になってからも就職の難しい時代が続いた。「大学は出たけれど」という就職難の時代もあったし、上級の学校にいけない人にはもっと厳(きび)しい就職状況があった。そういう時は雇(やと)い主(ぬし)、給料を払う人がいばる。かつて資本家が非難された大きな理由であった。

　それで「資本家をなくしてしまえ」という政治経済思想が出て、そういう国もできた。ソ連がその一例であるが、そうなってみると国が唯一(ゆいいつ)の給料を払ってくれる主人になり、一般の人々はまったく自由を失い、国家という一人の暴君(ぼうくん)の奴隷(どれい)のようになった。北朝鮮はまだそういう状態だ。そこで比較的に住み心地がよいのは、給料支払者という主人を替えることのできる社会であることがわかった。フランクリンも給料支払者は「財布にとって君主」と言っており、全人格を支配する君主と言っていない。これが現代の自由主義社会である。(P200310)

犬と一緒に横になれば、起きる時には蚤がついている。

　子供の頃、よく犬小屋にもぐりこんで母に叱られた。「臭い」と言って叱られたのだがおそらく蚤もついていたかも知れない。日本では犬は通常犬小屋に飼うことになっていた。畳の生活だから当然である。西洋ではしばしば犬が家の中で飼われている。今の日本で犬を家の中に飼う人が出てきたようだが、これも生活の洋風化と言うものだろうか。

　フランクリンの時代のアメリカでは犬は家の中にいることが多かったであろう。食堂のテーブルの下などに犬がいる絵は時々見かける。そういう環境だと「犬と一緒に寝れば蚤がつく」という発想も自然である。東洋では「朱に交われば赤くなる」と言った。こっちの方が表現としては品がいい。いずれにせよ悪い人間と一緒になれば悪い影響を受ける、ということである。

　〔最近〕は金融機関の不祥事について報じられることが多い。結局はバブル経済がらみ、つまりは土地投機がらみである。日本では戦時中の社会主義立法によって土地の売買が難しく、「地上げ」が必要となる場合が多かった。「地上げ」をやるのは暴力団がらみの人たちである。土地投機をやった金融機関はそういう方面と関係が出来た。関係を切っても蚤がついているような話になる。殺された銀行員も出ている。犬と一緒に寝るのは御要心ということだ。

（P199910）

腐ったリンゴはまわりのリンゴを腐らす。

　リンゴでもミカンでも、箱の中に１個でも腐ったものがあれば、たちまちその周囲のほかのものも腐り出すということはだれでも体験することであろう。そしてこの日常的現象は教育にも応用されて、「朱に交われば赤くなる」というような格言を生んだ。東洋でも西洋でも同じことである。だから昔の学校ではよく「放校」ということが行われた。１人の不良少年を放っておくとたちまち不良少年グループができてしまうからである。

　さすが小学校では放校ということはなかった。先生の権威が高かったから小学生までなら放校の必要はなかったのである。しかし旧制中学になると厳しかった。旧制の高校でもそうだった。文藝春秋社の創立者でもある小説家の菊池寛は一高（今の東大の教養課程に当たる）のころ、友人の佐野文夫（後の日本共産党の幹部）の盗みをかばって退学になっている。

　今の中学は義務教育だから放校や退学はない。明らかに「腐ったリンゴ現象」が起こっていることがわかっても取り除くことはほとんど不可能である。それどころか「腐ったリンゴ」を支持したり応援したりするさまざまな社会的勢力が出てきたりするから話が難しくなる。それどころか「腐ったリンゴ」が教員の中にもいるのに取り除くことがなかなかできない。教職公務員で国旗に反対行動してもクビにならない。放っておけば日本の教育が腐るだろう。

（P200409）

かかりつけの医者や弁護士には嘘を言ってはならない。

　当人が恥ずかしいと思う病気があるとき、患者は医者に本当のことを言わない場合がありうる。それは当人にとっても、まわりの人たちにとっても災いになることは明らかである。

　弁護士と相談するときは特に「かくしたいこと」が多くある場合が普通である。依頼人がその「かくしたいこと」を弁護士にかくしたままで裁判に出た場合、相手側からその「かくしたいこと」を暴露されたら、当人にとってひどく不利になる。弁護士にしても自分の依頼人に裏切られたような気持ちになるだろう。

　そういうことのないように医者と弁護士には守秘義務がある。もう一つ守秘義務のあるのがカトリック司祭が信者の告解を聞いた場合である。「わたしは人を殺してきました」と告白されても、それを聞いた司祭は警察にとどけることはできない。せいぜい痛悔して自首することをすすめるだけである。

　もう一つ本当のことを聞かせてもらいたい職業に学校教師がある。子どもの本音を知るためにはその家庭の本当の状態も知る必要がある。しかしそれは今では絶対にできない。個人情報にうるさい時代になったからだ。すばらしい教師がいた時代は、世の中が狭くて、先生は子どもの家族状態をよく把握できていたのである。現代では守秘義務を持つ教師が１校に何人かいてもよいのではないだろうか。

（P200612）

前を見なさい。さもないといつの間にか自分が遅(おく)れていることに気付くことになります。

フランクリンが生きていた時はアメリカの独立があった頃(ころ)である。文字通り「新世界」が目の前にひろがった時代であった。そのような時代のアメリカにも、後ろ向きの人間は少なくなかったはずである。アメリカ独立に反対のアメリカ人も多かったのだ。(日本でもサンフランシスコ平和条約(じょうやく)に反対——つまり日本の独立恢復(かいふく)に反対——した進歩的文化人が多かった。)そういう後ろ向きの生き方をしていると、いつの間にか自分は時代にとり残されてしまっていることに気付かざるをえない日がやってくる。(進歩的文化人や進歩的大新聞に踊(おど)らされて、革命幻想(げんそう)を持って青春を送った人が、〔今ごろ〕北朝鮮やレバノンあたりから帰国して今浦島(いまうらしま)になっているのを見るのは痛々しい。)

現代は猛烈(もうれつ)な変化の時代だ。しかし進歩に見えるものが退歩や化石化を意味することも少なくない。すべて変わるようでありながら変わらないものもある。芭蕉(ばしょう)は不易流行(ふえき)と言った。変わるものと変わらないものが俳諧にあると考えたのである。科学技術は流行の典型的なものである。これから逃(に)げるようでは話にならない。しかし人間にとって変化と関係のない価値もあるのだ。前を向いて進み続けよう。しかし不変の価値も忘れないようにしよう。

(P200108)

「人がよい」ということほど人気を得るものはない。

　学生の頃からの友人・知人を考えてみると、「あいつは人がよい」と思われた者は確かに人気がある。長い間つき合っておれば、人柄がよいかどうかは自然にわかってくる。安心してつき合えるのである。

　これは個人の場合でなく、企業の場合でも言えるであろう。名の通った百貨店で、変なものを売りつけられることはないし、また不良品があった場合、それに文句を言っても誠実に対応してもらえることがわかっている。企業で「人がよい」というのは「信用がある」ということだ。

　国家についてもそれは言える。イギリスはよく条約を守るということで信用が高い。ドイツは条約を結んだ国に迷惑をかけることが多かった。ロシア（ソ連）は自分が結んだ条約の80パーセント以上を破っているという前歴がある。国家としてのロシア（ソ連）が好きという国はおそらくなかったであろう。

　イギリスの国営放送（BBC）の調査によると、世界によいことをした国では日本が連続1位を続けている。〔今年〕はカナダと並んで1位である。日本が約束をよく守り、他国を害することのもっとも少ない国であることを世界の国々が——中国と韓国を除いて——認めているのだ。もっとも日本の外交には「人がよい」の上に「お」の字がついて「お人よし」の危険が多分にある。

（P200710）

何でもほめる人も、何でもけなす人も、どっちも馬鹿である。

　何でもけなす人がいる。そういう人の話を聞いていると結構溜飲（りゅういん）が下る思いがして痛快である。聞いている時は面白いのだ。しかしその人に別れてしばらくすれば、誰にでも解ってくる。「あいつは俺がいないところでは俺をけなしているだろうな」と。何でもけなす人は、つき合って面白いが、信頼できないし心を許すわけにもいかない。

　何でもほめる人にも、ほめられた時は気分がよい。しかしそういう人と別れてしばらくすれば誰にでも解ってくる。「あいつは誰でもほめるんだなあ」と。したがって何でもほめる人は、つき合って不愉快になることもないかわりに、ほめられても有難味が薄い。

　同じことは批評家にも言える。毒舌家は読者に面白がられるが、「あの人は何でもけなす人だ」ということが解れば、けなされた人も気にしなくなるし人格が疑われるようになるのがオチだ。何でもほめる人は幼児教育には向くかも知れないが、物心がついた人間にはあまり利かなくなる。普段は峻烈（しゅんれつ）な批評をする先生にほめられてこそ、ほめられた学生も感奮するのである。

　組織の長に立つ人も同じであろう。部下のアラばかり探して厳しいのは嫌われるだけだし、評価が甘いだけでは組織もたるんでしまうだろう。ほめるのもけなすのも難しい。馬鹿ではできない話である。

（P200003）

眠っている狐（きつね）は鳥を捕えない。眠る時間は墓の中にたっぷりある。

　いつも腹一杯だったら仕事はできないだろう。特に頭を使うことには満腹は敵である。二十日鼠（はつかねずみ）も腹一杯にしておくと短命だと実験者は言う。私のところは30歳に近い鯉（こい）から、卵からかえした鯉までいろいろいるが、成魚が死ぬことはないと言ってよい。コツは餌（えさ）をやりすぎないことである。それやこれやで満腹状態が続くことはよいことでないことは誰（だれ）にもわかっている。しかし睡眠はどうだろう。眠り足りた状態については否定的なことを言う人は少ない。しかし経験から言うと、十分、あるいは十二分に眠った後の脳の働きは明らかに低下する。年をとると物忘れするというが、十分眠った後の状態が最悪である。若い者の場合は、いつも十分眠っているようでは将来の見込みがないのではないかと思う。ねむくても朝早く起き、夜もねむいのを我慢して勉強することが必要なのではないか。勝海舟（かつかいしゅう）は遠い将来まで見える人だった。その彼は若い頃はオランダ語の辞書を写させてもらい、更に一部を作って売って学資にしたという。恐るべき克己精励である。そういうことをしているうちに頭脳が鍛えられたと考えるべきだろう。辞書を写す時間にたっぷり眠っていたら後の海舟はなかったかも知れない。満腹状態が続くのがよくないと同様に、眠り足りた状態が続くのもよくないのではないか。

(K199608)

学問は学問好きの者に、富は注意深き者に、権力は大胆なる者に、天国は徳高き者に属する。

頭のよい人が必ずしも学者になると限りません。

私も大学に入学してから〔47年〕、大学に職を得てから〔41年〕になります。その間に多くの頭のいい学生も見ました。また教えたことのある学生のうち百人以上は〔今〕、大学で教えています。そこではっきり言えることは、頭のいい学生必ずしも学者にならないということです。これは当人たちのやりたいことがほかにあるからで当然でしょう。

ところがおかしいのは、大学でも学業があまりぱっとせず、辛うじて大学院に入ったような人で今は大学の教壇に立っている人が意外に多いことなのです。

その人たちの共通の特徴は「学者みたいなライフスタイルをあこがれている」ということでしょう。頭は大していいとも思われないのに、学問から離れられないのです。つまり好きなんですね。日本の諺にも「好きこそものの上手なれ」と言いますし、「下手の横好き」とも言います。いずれにせよ学問に触れているのが楽しいような学生は、結局、学者としてのコースに入るようです。

これは学問の世界ですが、実業界で成功するには、絶えず注意深くやっていくこと、それどころか、注意深いことを楽しむような人でないといけないのでしょう。フランクリンは平俗ですが本当のことを言っています。

(P199705)

美味しく食べるものは栄養になる。

　特別な食物禁忌思想などのない健康な人は、自分の体によいもの、体が要求しているものが美味しく感じられるはずだと言う。ただ生活自体が不健康だと、体のセンサーが狂って、体が要求するものと、体に栄養になるものがずれてくる。麻薬などはその極端な例である。従って健康な子供、健康な人が何を好むかは観察に値することである。マズローというアメリカの学者は多くの鶏を観察した結果、特に大きく立派に育つ鶏は、ついばむ餌が合理的だったという。

　勉強でも好きでやるものは身につく。嫌いな学科の点数をあげる努力をするのも尊いが得意な学科があったらそれを徹底的に伸ばす方が効率的であろう。〔今〕の日本の若手の指揮者のホープとされる某君も、音楽的に天才的であったが、嫌いな学科は身につかず、音楽大学にもゆかなかった。この意味で学科の選択を重んじ、得意のものを徹底的に伸ばさせる、というのが教育では極めて重要なことである。

　ところが単なる好き嫌いと、我儘だけの場合はどうするか。それは栄養になるものを美味しく調理することが必要であろう。昔から賢母といわれた人にはこの特徴があった。同じく教育者も、栄養のあるもの、つまり重要な学科を面白くする工夫が必要である。先生が変ったら数学や英語が好きになった子供はいくらでもいるのであるから。

(P200004)

人が滑稽(こっけい)に見えるのは、その人自身の性格・資格などのためというよりは、その人が「ふり」をする性格・資格によるものである。

スノッブという言葉がある。元来は英国で身分も財産もないくせに、それを気取(き)りたがる人を指すのに用いた侮辱語(ぶじょくご)であり、その形容詞スノビッシュも、「いいふりこき」の人を指すのに用いられる。イギリスのような階級社会では、上の階級を憧憬(どうけい)する人たちがおり、憧憬のあまり、その真似、あるいはその「ふり」をすることになる人も少なくなかったわけである。日本でも「鵜(う)の真似をする烏(からす)」という言葉にはそれに近いニュアンスがある。

これはすでに身分や財産のある人が、自分たちを真似する人たちを見下して言った言葉である。しかし一方、立場を変えて見ると、まだこれという身分のない人や貧(まず)しい人が、上の階級を憧(あこが)れての話であるから、一種の向上心とも言えるだろう。前から上層にいる人たちは、自分たちに追いつきたがっている者たちが嫌(きら)いなのである。これはかつては国の間でも認められた感情である。他の有色人種が植民地や半植民地の身分に安住しているのに、日本だけは先進白人国に追いつこうと決心して真似し出したので嫌われた。国の場合はスノッブと言わずセデュラス・エイプ（熱心に真似する猿）と言う。かつての白人国の日本に対する反感は主としてこの感情によるものであったと言えよう。

（P200211）

いろいろ腹を立てたり損をしたあげく、人は謙遜に、また賢くなる。

　フランクリンは人格円満で知られた人である。しかしこういう言葉を残している以上、彼も若いころは腹を立てたりすることが多かったのだろう。また彼は経済的にも成功してペンシルヴァニア大学を建てるのに最も力のあった人である。その彼も若いころは損したことも多かったことであろう。

　つまりどんな人でも腹を立てたり損をしながら成長していくのである。問題は腹を立てっぱなしではいけない、損になることばかりしていてはいけない、ということなのだ。腹が立つことがあっても、よく考えてみれば自分のいたらなかったためであることが多いのではなかろうか。そこから謙遜の大切さを学ぶことになる。

　大きな失敗、小さな失敗、人生には失敗はつきものである。その度ごとの反省をいかにするかが大切で、それによって人はどんどん賢くもなるし、一生失敗続きの人にもなる。

　幸田露伴は福運を引き寄せる人の特徴は、失敗や腹立つことの原因を他人のせいにしないで、自分のせいにして反省する人だと指摘している。何でも人のせいにしておればこれほどやさしいことはない。親が悪かったとか、社会が悪かったとか、人のせいにしておれば、その人は謙遜にも賢くもなれず、失敗続きの人生になるだろう。

(P200605)

蝶（ちょう）とは何だ。たかだか着飾った毛虫に過ぎぬ。派手にめかした伊達（だて）男（おとこ）も蝶とそっくり。

　フランクリンは勤倹貯蓄をすすめた点で、まことに興隆期の中産階級の典型である。贅沢であり、華麗であることは貴族文化の特色と言ってよい。イギリスもフランスもスペインもその宮廷文化の特色は贅沢であった。上の方が贅沢であれば、その下はそれを真似する人たちも多く出る。

　しかしフランクリンは次に世界を制することになる「市民」の美徳を強調した。貴族のような真似していい気になるな。華麗な蝶ももとをただせば毛虫だ、と言うのは、内貧外華な人間たちに対する軽蔑の念を見事に言い表わしている。外を飾るより内を充実させよ。人目を惹（ひ）くような贅沢をするよりは貯蓄せよ。その蓄積が本当の力になることを説いてやまなかった。資本主義の精神については多くの学者の本が山のようにあるが、資本主義の精神を最もよく言い表わし、実践したのはフランクリンであると断言してもよいだろう。フランクリンの本は勃興期のアメリカ人にとっては第二のバイブルであった。アメリカを興したのは彼の教えを奉じた市民たちである。そして貯えられた資本は産業を興したが、その富は金もうけにとどまらない。フランクリンはペンシルヴァニア大学をも建てたのである。

(P199806)

老齢と欠乏の時のためには、できる時に貯えよ。朝の太陽が一日中続くということはないのだから。

　年金制度もなく老人看護の制度もなかった時代には、このフランクリンの教訓は切実であった。だからそういう心配を完全になくしようという社会を作ろうという運動が起った。最も徹底的にやったのはロシア革命や中国革命であったが、数10年も経って見るとかえって悲惨な社会になってしまった。

　日本はもっと緩やかな方法でやってきたが、その限界も見えてきている。〔今〕の老人は―私も含めて―相当の年金が入るが、これから先は難しいという。70歳停年を約束していた大学も財政が苦しくなったので65歳停年にするところが出てきた。70歳までの収入を予定していた人は老後の予定が狂って大変であろう。いや、老人と言わないまでも、今はリストラが出はじめて、終身雇用もあまり当てにならなくなってきている。

　つまりこれからの世の中はフランクリンの時代と再び似てきているとも言えそうである。古い教訓が古くないのだ。若いうちに自己責任で老齢に備える覚悟がなければならない。若い時の時間も、また思いがけない収入も、永続しないという覚悟が必要であろう。そして妙なことに、若い時から時間を惜しみ、無駄遣いしなかった人には、一生の間、朝日が続くようなことがかえって起り易いもののようである。

（P199809）

収入よりも支出を少なくする術(すべ)を心得た人は、賢者の石(フィロソファーズ・ストーン)(鉛を金銀に変える力があると信じられていた霊石)を手にしたと同じである。

〔数年前〕に国際的ベストセラーになった本に『金持ち父さん貧乏父さん』という本がある。私はアメリカ人がどんな本をベストセラーにしているかに関心があるから読んでみた。もったいぶった書き方やら、不動産でもうけた自慢話やらの繰り返しで恐ろしく退屈な本だった。しかしその中に一本の金線が走っており、それは上に引用したフランクリンの教えを実行すれば金持ちになり、実行しなければどんな高い教育を受けた人でも金持ちにはなれないという話であった。

　ではどうするか、と言えば、収入を天引き貯金して、たまったら賢明な投資をしろ、ということにつきる。そう言えば「天引き貯金」という慣用句は英語の本の中で――今あげた本の中でも――お目にかかったことがない。クレジットカードで買い物をする習慣になっているアメリカでは、国民全体の貯蓄率はゼロだという報道があったと記憶している。日本ではすでに本多静六博士が、定期収入は天引き4分の1、臨時収入は全額を預金とし、利子、配当収入は4分の3まで使ってよいことをすすめ、ご自分も大富豪になられた。致富(ちふ)の道とはかくも単純であり、実行の意志だけが問題であることはフランクリンのころから少しも変わっていないようだ。
　　　　　　　　　　　　　　　　　　　　　　　（P200306）

金持ちになりたかったら、得ることに劣らず、節約することを考えよ。

　フランクリンは独立した頃のアメリカ人に致富の道を教えた人です。
「スペインはアメリカ大陸を手に入れたけれども豊かにならなかった。それは収入よりも支出を多くしたからだ」とも言っております。そして小さい節約をしないことが、多くの人が富を作れないでいる原因になっていることを指摘しています。
　このお金についてのフランクリンの教訓はそのまま時間についても当てはまると思います。「たっぷり時間がある時に勉強しよう」と言っている人は、たっぷり時間があるはずの夏休みにうんと勉強できるか、と言えばなかなかそうはゆかない。通学などの半端時間を利用して単語を覚えるというような時間の使い方をしないで外国語ができるようになった人はまずないでしょう。私の知人は大学生時代に長距離を歩いて通学しなければならなかった（戦前の話です）。彼は物理学を専攻していたので、その歩く時間はもっぱら実験の工夫をすることにした。頭の中でいろいろ工夫する。そうして100以上もの特許を取った。それは結果としては富にもつながったのです。うんと時間をとって工夫するといったら、そんな時間はとれなかったでしょう。彼は苦学生だった、つまり自分で働いて大学に行っていたのですから。しかし時間を節約することを知っていたのです。あなたには無駄に費している時間はありませんか。(P199707)

塵(ちり)もつもれば山となる。

この格言は日本のものですが、フランクリンは「沢山の小さなものは大きいものとなる（Many a little makes a mickle.）」と言っています。mという頭音を3度使い、littleとmickleの尾音を合わせていますので覚えやすく、英語でもよく知られた諺になっています。

フランクリンの教えているのはお金の節約のことですが、「時は金なり（Time is money.）」という有名な諺を作ったフランクリンのことですから、「お金」のことは「時間」と置き換えてもよいのです。こま切れの小さい時間を利用しないで語学に上達した人はいないでしょう。私の場合も旧制中学生の時に、英語の諺が100例附録としてついている本を入手し、この100の英語の諺を暗記しようと決心したことが、語学習得のコツに目覚めるきっかけになりました。通学の途中、行きに一つ、帰りに一つ暗記すれば50日、つまり2ヶ月足らずで100の英語の諺を覚えることが出来ると計算しました。ところがやって見ると、覚え方も上手になって、50日どころか、2週間ぐらいで全部覚え、日本語の方を見て英語で書けるようにもなったのです。これは一種の語学開眼でした。

その後は英語の長文、更にその後はドイツ語と、半端な時間は暗記の時間となりました。そして60歳になってからはもっぱらラテン語の名文句の暗記をタクシーに乗った時にやっています。覚えるのもだんだん早くなってきています。(P199709)

不必要なものを買えば、そのうち必要なものまで売らなければならなくなるだろう。

　フランクリンは200年前のアメリカ人たちに、つまり独立当時のアメリカ人たちに、致富術を教える本を書いた。ヨーロッパの故郷を捨てて来た移民たちがどうしたら豊かな生活を送れるようになるか、ということを格言で教えたのである。そしてその教訓集の中の「富」とか「お金」という言葉は、「時間」と置き換えてもよい。そうするとすぐに学生や学者にとっても教訓になる。

　ここで「不必要な物を買えば」というところは、「必要でもないことをしていると」と置き換えうるのである。そうするとそれに続く言葉は「必要なことをする時間もなくなるだろう」ということになる。若い頃は時間が無限に眼前にひろがっているような感じがするので、よっぽど気をつけないと不必要なこと、時にははっきりとよくないことに時間をふんだんに使い勝ちである。そして必要なことのための時間がなくなることがよくあることは、試験の前になれば誰でもが気がつく。あるいは不摂生で病気になったり、飲酒運転やスピード出し過ぎで怪我などしたりすれば、「やらなくてもよいこと、いなやるべきでなかったことをやって人生の貴重な時間を失った」と気付くことになる。しかるべき読書、しかるべき鍛練、しかるべき修養の時間は、不要なことをしないことによって生れるだろう。

（P199710）

気に入った召し使いを持ちたいと思うならば、自分でやれ。

　昔は人手が余っていた。召し使いでも女中でもいくらでもいた。少し身分の高い人、少しお金のある人は召し使いや女中を使った。今の人が便利な電気製品を持っているように。

　しかし使用人はなかなか主人の気に入るようにはやってくれない。主婦同士のおしゃべりのテーマの一つは、「自分のうちの女中が気が利かない」ということだった。フランクリンはそういうのを見ていた。

　そこで出て来た結論は「自分のことは自分でやれ（serve yourself）ということだった。この言い方は現代では self service という名詞になって使われている。昔は人手をたくさん使うことが社会的なステータスが高いということで、自分がやればすぐにできることも召し使いにやらせることが普通であった。王宮が火事になったとき、王様は椅子に座ったまま焼け死んだという話さえある。それは椅子を動かしてくれる役目の者が駆けつけてくるのが遅かったからだという。

　戦前の家庭のしつけの一つに「自分のことは自分でやりなさい」ということがあった。遊んだあとのおもちゃの片づけとか、明日の学校のしたくとか。母親は家事に忙しかったのである。一方、最近になって社会ではセルフ・サービスが増えてきた。レストランでもお茶やコーヒーがセルフ・サービスのところがある。これは人件費節約のためだろう。

（P200706）

法律は蜘蛛(くも)の巣のようなもので、小さい蠅(はえ)はつかまえられるが、大きな虫は目の前で破ってゆく。

　当時のアメリカの状況をフランクリンは言いたかったのかも知れない。あるいは「一人や二人を殺せば殺人犯だが、一万人も殺せば英雄だ」という有名な言葉を言い換えたのかも知れない。しかし国際的な軍事法廷などを見ると、小さい蠅（敗戦国）はひっかかるが、大きい虫（戦勝国）はひっかからない、ということが露骨に見えてくる。

　たとえばマッカーサーが日本を裁かせた東京裁判がそうしたものであったことは、アメリカ人の弁護人にも明らかであった。ブレイクニイ弁護人は次のような趣旨のことを言っている。

　「日本の真珠湾攻撃でキッド提督が死んだことを日本の戦争犯罪というなら、原爆を作らせ、それを落とさせた人はどうなのか。」

〔現在〕、カリフォルニア州では、戦時中、日本の捕虜として工場で働かされたアメリカ人とその家族の個人の補償を求める法律が通っている。戦争中の個人の補償を問題にするなら、講和条約は何だったのか、という話になる。そして無差別爆撃や原爆で殺された人や家族の補償はどうなるのか、とわれわれは問いたくなるが、そんなことを問われることは念頭にもないのが戦争で勝った「大きな虫」アメリカ人なのである。

（P200010）

馬車の中でいちばん悪い車輪がいちばんひどい音をたてる。

　馬車はたいてい四輪であった。今みたいなタイヤのない時代の話である。その中でいちばんギイギイという音を出す車輪と言えば、いちばんぐあいの悪くなった車輪である。それは修理するか取り替えるかしなければならない。

　これを常識的に解釈すれば、一つの組織体の中で、いちばん文句を言う人間がいちばん問題のある人間ということになる。会社でも役にたつ社員はあまり不平は言わないだろうし、学校でもよくできる生徒は静かである。だから個人としては「最悪の車輪」にならないように心がけなければならない。

　ところが逆に組織体の上の人たちは、いちばんうるさく騒音をたてているメンバーに注目しなければならない。ギイギイうるさく音をたてている車輪をほったらかしにしておけば、馬車が動かなくなったり、転覆したりするおそれがあるからである。そういう車輪は、すぐ修繕するか、取り替えないと危険である。会社や学校で騒音をたてる者には騒音をたてる理由があるのかもしれない。車輪で言えば油をさしてやる必要があるような場合である。その油はボーナスかもしれないし休暇かもしれない。ところがどうしても取り替えなければならない車輪もあるであろう。学校で言えば登校禁止か放校の必要のある学生もある。会社なら首にしなければならない社員もいるであろう。

（P200611）

王様のチーズは、半分ぐらい削り屑になって捨てられる。なに、それは構うことはない。人民のミルクから作られたものだもの。

　フランクリンはアメリカ独立運動で大きな役割を果たした人だからイギリスの王様に好意を持っているわけはない。アメリカ独立運動自体が、イギリス国王に対する反税運動として起こったのである。アメリカ建国の精神は反税思想と言えないこともない。したがって今日に至るまでアメリカ人は税金に対して厳しい考えを持っている。政治家でも一番大事に考えることは「タクスペーヤーはどう感じているか」ということだと言う。各議員にはタクスペーヤーからの手紙がとどく。それは無視されない。
　日本ではタクスペーヤーという意識が希薄らしい。大部分の人は源泉徴収で取られているから、税金も健康保険料も同じような感じになってしまう。収入の大きい事業家などは否応なしに税金を意識せざるを得ないが、日本では戦時中から社会主義思想が浸透していて、沢山収入があるのは悪いことをしているような感じがあるので、タクスペーヤーの権利意識は持ちにくい。それで税金は無駄遣いされる。一方、アメリカはたとえばアメリカの為にならない決議をするユネスコから脱退した。そんな機関に金を出すのはタクスペーヤーに申し訳がないというのだ。日本もこういう発想を見習うべきではなかろうか。

(P200212)

旅する人は、豚の鼻と、鹿の足と、驢馬（ろば）の背を持たなければならない。

　豚は鼻がよいのだそうである。イタリアでは地下のトリュフなど豚に探させるという。鹿の足が速いのは定評がある。猛獣（もうじゅう）から逃げることのできるのもその駿足（しゅんそく）のおかげである。驢馬は鈍な動物とされるが、背に荷物をのせて運ばせるには馬より適している面もあった。フランクリンは豚と鹿と驢馬をあげて、敏感な察知力、敏速な行動、特に逃げ足、それにしんぼう強さという特徴を示している。

　昔の旅行はつらいものだった。だからtravel（トラヴェル）（旅行）とtravail（トラヴェイル）（苦労）は同じ語源から出ている二重語（ダブレット）なのである。旅行者は山賊（さんぞく）が出そうな場所はすばやく察知し、逃げ足は早くする。そしてがまん強く荷物を背負って進む必要があった。

　この昔の旅行者にあてはまる注意は、今日でも「人生という旅」をする場合に必要であろう。

　かのバブルのときは大銀行をふくめて多くの企業が倒産した。しかしその崩壊（ほうかい）をちょっと早く感じた企業は無事だった。逃げ足早く、大もうけしたところもある。そして日常はしんぼう強い活動を続ける。時代には敏感に、しかし逃げ足、引き上げは早く、そして日常はしんぼう強く。これは株をやる人から、書斎で物書きをする人まで、だれにもあてはまる教訓であろう。

(P200608)

頼りになる友には3種類ある。それは長く連れ添った妻と、長く飼っている犬と、手元にある現金である。

　ある有名な老俳優が離婚して若い女優と結婚した。ところがこの俳優が老人病になったらその若い妻は逃げてしまった。最後に世話をしたのは離婚されたかつての妻だった。

　若いときに結婚する相手は、まだ社会的地位も決まっていない。夫婦二人で共同の人生を築き上げてゆくという覚悟で結婚生活がはじまる。男は成功して金ができると若い女にひかれて破局を迎える。しかしその男が事業に失敗すればお金目当てでいっしょになった若い女は逃げ出す。こんな例をわたしもいくつか知っている。老妻は大切にすべきだとフランクリンは教える。東洋でも「糟糠の妻（米かすやぬかを食べた貧しい時代の妻）は堂より下さず」という格言がある。熟年離婚の話を聞くと本当に悲しい気持ちになる。

　犬の話はともかく、現金の用意は常にしてありたいものである。「生きた豚や牛がいても、お客が来たときにすき焼きにするわけにゆくまい」という教えを読んだことがある。バブルでつぶれた会社は、資産がうんとあるはずであったが、現金がなくて、つまり銀行決済ができなくなってつぶれたのである。現金はどれぐらいあったらよいかはその人の状態次第であるが昔から財産三分法といわれたのは一つの目安になる。いつでも使えるお金は実に便利で、人にチャンスを与えてくれることがある。

（P200712）

体調が悪いと言ってはすぐ医者に行ってはいけない。もめ事がある度に弁護士にかけつけてはいけない。のどが渇(かわ)いたからとてその度に一杯(いっぱい)ひっかけてはいけない。

　フランクリンがいちばん言いたかったのは、最後の部分だったろう。何につけても「ちょっと一杯」というふうにして飲(の)んべえになり、アル中になっている人を彼は多く見たはずである。酒やビールはうまいものだし、しかるべき折に飲む分には、まことに結構なものである。しかし、しょっちゅうそれに対して渇(かわ)きを覚えるようになると身の破滅だ。わたしは子どものころに、田舎(いなか)でそういう人を何人か見た。家族を悲嘆(ひたん)のどん底に落とし、自分も消えてゆくのであった。
　アルコールほどでないが、ニコチンも中毒性があるが、タバコで家をつぶしたというような例はないだろう。しかし最近では健康の面からうるさくなって、「ちょっと一ぷく」が難しくなった。わたしは吸わないがタバコ好きに、わたしは同情的だ。しかし中毒も麻薬となると深刻だ。
　フランクリンは何につけても中毒的になることに対して警告しているのである。アメリカは禁酒法(きんしゅほう)を強行したこともあるし、タバコについても極端にうるさくなった。しかし麻薬中毒はアメリカに多いし、また訴訟(そしょう)中毒みたいな社会にもなっている。アメリカは中毒になる傾向の人を作りやすいのかも知れない。医療に対してだけはそうでもないのは、アメリカはまだ国民総保険制度ではないからであろう。　　　　　　　　（P200708）

年とった医者よりも、年とった飲み助のほうが多い。

　これは「医者の不養生」ということを言っているのだろう。実際に健康法などの本を書いている医者で比較的早くなくなっている人が少なくない。かつて「間違いだらけの医学常識」というようなタイトルでベストセラーを書いた著名な医学者も長寿でなかった。有名な健康法を創始した人も長命とは言えなかった。国立がん研究所の〔歴代所長〕のうち5人はガンでなくなっているという。

　一方、横山大観などという画家は、毎日一升酒を飲んで、ご飯もろくに食べなかったそうだが、90歳まで元気だった。こんな例は外国にも少なくない。ゲーテは毎日何本かの赤ワインを飲んだそうだが、83歳まで生きていて、老人になっても若い乙女に恋もしている。チャーチルは毎日ブランデーを飲んでいたのが有名だが、首相をやめたのは81歳で、その後10年も生きている。

　長寿のために一番参考になるのは、毎日のように出てくる医学上の新発見よりも、生まれたとき、幼少のときは病弱でありながら、りっぱな活動をして長寿だった人たちの実践的教訓であろう。たとえば二木謙三博士は、15、6のころまでは病弱で落第したほどであったが、自ら工夫、努力して健康になり、満93歳まで活躍され、その間、文化勲章を与えられるような医学上の学問的業績を残された。人生ではいいお手本を見つけることが大切であろう。

（P200312）

人に従うことのできない人は、
人に命令することもできない。

　日本で出世頭と言えば豊臣秀吉である。その秀吉は草履取りの時は最も忠実な草履取りであったという話はよく知られている。足軽の時も、足軽頭の時も実によく主君の信長に仕えた。一方の大将に取り立てられても信長への奉仕ぶりは特別であった。そしてついに戦国争乱時代を治め、約百年ぶりで全国に命令することになった。

　秀吉を継いだ家康も、よく従った。今川家に人質になっている時は今川の言うことをよく聞き、信長と同盟してからは信長の言うことをよく聞いた。秀吉の時代には秀吉によく仕えた。そして天下の大名に号令するようになる。

　これは国の単位でもそうだ。イギリス人やドイツ人はよく命令に従うと言われる。そうでなければ大海軍や大陸軍ができるわけがない。アメリカ人もよく上の命令に従う。トルーマンがマッカーサーを解任した時、日本人は驚いた。最も有力な将軍を４年の任期で選挙される大統領がクビにできるとは信じられないことであった。当時の日本人は政府の言うことを聞かない軍人たちのおかげで敗ける戦争に入ったことを痛感していたからである。「従順」を卑屈と間違っている人が多いのではないか。従うべき権威に立派に順う人のみが、後に人を順えることができるのである。

（P200008）

釘が一本足りないために蹄鉄(ていてつ)がはずれた。蹄鉄が一つはずれたために馬が倒れた。馬が倒れたために騎士が殺された。

　これは小さいことについて手を抜いたために、大きな災厄が起るということを教えたものです。走っている自動車のタイヤのボルトがはずれたために、走行中タイヤがはずれ危うく死ぬところだったという経験を持つ友人がいます。幸いにその自動車は先進国の高速道路ではなく、東ヨーロッパの国の道で、スピードを出していなかったから助かった、と彼は言っていました。近代工業が勃興した国は、いずれも精巧な職人の作業ができる国でした。アジアに造船の盛んな国があるのですが、この国だけで造った船は国際的保険会社は保険を引き受けてくれないそうです。それで肝腎の部分は日本から輸入ということになります。戦後の日本の繁栄の基礎は、小さなネジ1本ゆるがせにしなかった製造業にあると言ってよいでしょう。ゼロ式戦闘機乗りで有名だった坂井三郎氏は、100回以上の空中戦でも機関銃の故障はなかった、と書いておられます。その時の敵だったアメリカの強大さもこれと同じような製造業のおかげと言えましょう。

　小さいことでも手を抜かない、というのは恐らく若い時からの習慣によるところが多いと思います。また細かいことにも注意するのはすぐれた文明の特徴でしょう。英語のスペリングでも漢字でも計算でも、それがちゃんとできるようになるためには、細かいことも手を抜かないという習慣が必要です。(P199706)

茨の棘をまき散らす人は、裸足で歩いてはならない。

　日本で茨の棘を体験したことはないが、ギリシャではある。その棘は半端なものでなく、本当に皮膚を裂く。アメリカにもきっとそういう茨があるのだろう。そういう棘のある茨の小枝を地面にまけば、昔の忍者が追われたときに地面にまいた鉄製の菱のように、その上を歩く人の足を傷つけるに違いない。茨の棘をまいたら、当然その人は底のしっかりした靴をはいていなければならない。裸足で歩けば自分の足が傷つく。

　同じように人をきびしく批判する人は、自分は批判される弱味がないように、ガードを固くしなければなるまい。汚職事件の議会質問で名をあげた女性議員は、自分も秘書の給料を不当に巻き上げていたことがわかって議員をやめなければならなかった。世論は彼女を冷笑あるいは嘲笑した。きびしい批判の言葉は、彼女がまいた茨の棘みたいなものだったのだから。

　テロを肯定する人は、自分がテロにやられても文句は言えない。権威に反抗することを教える教師は、自分の学生に反抗されても仕方がない。そのせいか画家が同時代の画家の批評をやること、小説家が同時代の小説家の批評をやることはあまりない。そのために画家でない美術評論家、小説を書かない書評家が要る。医療をしない医療批評家も必要となる。（P200503）

あなたの家の窓がガラスなら、近所の人に石を投げてはいけません。

　これと似たような格言はいくつか思い浮かべることができる。「人をのろわば穴二つ」とか、「天につばする」とかである。ちなみに辞書で「天を仰いでつばする」を引いてみたら、「人をおとし入れようとしてかえって自分が損（そん）するたとえ」と出ていた。近所の人とけんかして石を投げてその窓ガラスを割れば、自分の家の窓ガラスも同じように割られるであろう。大変わかりやすい話である。

　これで〔今年〕の春ごろの国会を思い出す人も多いことであろう。国民年金問題は多分に制度の欠陥（けっかん）があり、納入していない議員もズルをやる気はなかったと思われる。それこそ奥さんか秘書が手続きをしてくれればよい話で、国会議員の先生方が自分自身でやるような手続きではあるまい。それを野党の党首が大騒ぎして閣僚で未納だった人たちを攻撃した。ところが、自分自身も納入していなかったことがバレた。党首の奥さんは記者会見して弁解したが、そのとき、市の職員の対応を批判した。ところがそれによってさらに具合いが悪くなった。過失で未納したのでなく、未納の意志があったことが明らかにされたからである。そのとき、その市の市長は「市の職員の事務処理を非難したのは正に、天につばしたようなものだ。」と言ったと報じられている。議会は反対党の批判があって成り立つから批判することが悪いのではないが、自分の家のガラス窓には注意しなければなるまい。

（P200410）

うんと読書せよ。しかし本をただ数多く読めというわけではない。

これはローマ時代から読書について言われてきたことである。日本でも漢学塾ではそういう方針だったらしい。幸田露伴の回想によると、彼が通っていた漢学塾では、老子や荘子の本に手を出してもしかられたそうである。まず儒学の本道である四書（論語・孟子・大学・中庸）と、その後は五経（詩経・書経・易経・春秋左氏伝・礼記）を読め、ということだった。そのせいか漢学をやった人には一種の風格ができたのである。

西洋でも興隆期にはギリシャ・ラテンの古典を読むことを中心に教育をするところが学校であり大学であった。精読によって西欧人の頭脳が鍛えられ、精神的背骨ができたという感じであった。もっとも今はそういう教育は大幅に後退している。

繰り返して読む愛読書を持つということは普通想像されるより重要なことのようである。「君の書棚を見せてくれ。そうすれば君がいかなる人物か当ててみせることができる」という言葉がある。大切に何度か読んだ本は書棚に置かれる。なるほどそれを見ればその所有者がどんな人であるか、かなり正確に推察できるであろう。

よく読書し、感銘が深かった本をゆっくり増やしてゆこう。ただ読みあさって捨てるような読書は、自分にとっての良書に出会うための手段としてのみ価値があるのである。(P200801)

友を選ぶにはゆっくり選べ。友を変える時には更にゆっくり変えよ。

「友を選ばば書を読みて、六分の俠気四分の熱」と与謝野鉄幹は歌ったが、友人の要素には、やはり「俠気」があるのが望ましい。しかし俠気があるかどうかは長いつき合いからわかるものである。私は高校を出てからずっと東京なので、郷里の同級生とのつき合いは同窓会などが主となるが、その頃の同級生でも、親類以上に親しくつき合っている男がいる。この男は〔30年〕以上も前のことになるが、私にちょっとした「俠気」を示してくれたことがある。それで信頼感が深まって今日に至っている。そのほかでも私が友人と考えている人たちは、みな何か「俠気」を示してくれた人たちだ。そういう人たちは相当長いつき合いがないと見つからない。

　国と国との間の関係もそうだと思う。明治開国以来、アメリカやイギリスは日本に俠気を示してくれた。それに反してロシア、フランス、ドイツなどは不親切であり、中国は絶えず条約や約束を破り続けた国である。昭和の悲劇はイギリスなどの長い友好国を捨て、ドイツやイタリアと急いで同盟したことである。ゆっくり友人を変えていたら——つまり三国同盟をもう2、3年遅らせていたら——日本は大戦に突入することはなかったであろう。いい友人、いい友好国とは約束を守る人や国である。

（P200201）

2匹の兎を同時に追う者は、1匹はつかまらず、もう1匹は逃げてしまう。

　これは「二兎を追う者、一兎をも得ず」という日本語のことわざにもある。同じことわざはラテン語にもある。それをフランクリンは自分の言い方で表現したものである。そしてこのことはだれでも経験したことのある話であろう。

　しかし人生は二兎を追わねばならない状態の連続であることも忘れてはならないのである。勉強と遊びは両立しないに決まっている。そんなら勉強だけしておればよいか、と言えばそうでもないだろう。会社人間になり切って家庭を顧みない、ということは、会社にとってよいことであろうが、その人の人生にとってはどうか。また逆に、家庭第一の人間になって、会社のつごうを無視して家庭奉仕する人は会社では困った存在になるだろう。

　人生は二兎を、あるいは三兎を追い続けなければならないのだ、と悟るべきではないかと思う。そう見極めた上で、両兎を獲る工夫をするのが知恵というものではなかろうか。それが常人の道である。

　ただ常人の道を拒否する人もいるし、そういう人があってもよい。家庭を持つことをも断念して修道院に入り、終生、清貧、独身で修行や奉仕に身をささげる人は、わたしの周囲にもいらっしゃる。そういう人は一兎を追った人で尊敬に値する。しかしわたしは凡人で、数兎を常に追い続けた人生をおくってきたような気がしている。

(P200707)

一つの「欠陥直し」は二つの「欠陥探し」ほどの価値がある。しかし一つの「欠陥探し」も二つの「欠陥作り」よりはよいのだ。

　自分の欠点をなおすことが、他人の欠点を見つけるよりはよいことはだれにもわかる。しかし欠点、誤り、欠陥などを作るのは、いちばん悪いということをフランクリンは教えている。これは実務家としてのフランクリンの体験を踏まえたものであろう。彼は印刷業をやっていたこともある。ミスプリントを見つけたり、直したりするのは仕事の大きな部分であったろう。刷り直しするほどのことになると大変だ。ミスプリントははじめからないに越したことはない。これは平凡な真理である。

　ところが人生においては、「失敗にめげるな」ということが教訓としてよく言われる。欠陥を見つけ、それを正して成功に進むことは大切である。しかしもっと大切なことはそもそもそうする必要のないことである。戦争や事業では小さな失敗でも回復するのが大変だ。ドイツの名参謀長モルトケは、どんな小さい戦場の勝利でも非常に高く評価した。勝利はどんなに小さくとも貴重であり、敗北はどんな小さい戦場でも大傷になるかも知れないことをよく知っていたからである。よく「失敗を恐れるな」と言う。それは正しい。しかし失敗しないよう万全の配慮をはじめからやっておくほうがずっとよいのである。

（P200307）

平穏安寧に人生を送りたい人は、自分の知っていることをみんなしゃべってはいけないし、自分の見たことすべてに裁きを下してはいけない。

　日本でも「見ざる、言わざる、聞かざる」の三猿があり、その彫刻もある。それほどではないが、それと一脈通ずるような「控え目」な生き方が、フランクリンのアメリカでも処世の知恵としてあったようである。

　知っていることをみんなしゃべることが実に危険なことは誰にでもわかる。時には命が危ないことだってある。また何でもしゃべる人とは付き合いかねるという感想を人は持つであろう。「口が堅い」という評判だけで出世する人が少なくない。その反対に「あいつは何でもしゃべってしまう」という評判が立てば、その人が要職につくほど出世することはまずないであろう。

　また何かにつけて裁判官が裁くような発言をする人がいる。知り合いにそういう女性がいたが、何かにつけて「裁く」ような発言をするくせがあった。もっともこの人の親は裁判官であったが。「〇〇さんのお家が破産したんだって」という話を聞けば、即座に「〇〇さんのご主人は品行悪かったからね、当然よ」と言ったぐあいである。本当の原因はその業種の不況なのか、不渡りをつかまされたのかわからない。しかし短絡的に裁きたがるのだ。誰にも多少この傾向があるかも知れないが心すべきことである。

（P200506）

徳を持つなら、徳の持つ品と美をも持ちなさい。

「徳」という言葉は英語でvirtueというが、この語源がラテン語のvir（男）であることが示すように、元来は「男らしさ」とか「勇気」という意味であった。それから意味が広まって一般に「美徳」ということになった。しかし語源的な感覚は残っていて、「凛とした」というニュアンスがある。

軍人の美徳は勇気であり、役人の美徳は清廉であり、女性の美徳は貞潔であり、学生の美徳は勤勉であり……などなどとされている。しかし徳の元来の意味が「男らしさ」であるから、「品のよさ」とか、優雅さとか、美しさという性質が欠けやすい。

戦前の学生はバンカラが許容されていた。勉強さえやっておれば弊衣破帽はむしろ歓迎される風潮さえあった。わたしも若いころは「それがよいのだ」と思い込んでいた。そのためにわたしはアメリカに留学させてもらえなかった。当時のアメリカは女子学生がパンタロンをはいても登校させないほど服装にきびしかったのだそうだ。後にわたしはドイツに留学するが、神父さんにダンスの学校に行くことをすすめられてびっくりした。学生は勉強しておればよいと思ったのは昔の日本のことで、欧米では学生は勉強という美徳だけでなく、身だしなみとか、ふるまいが洗練されていることが重視されていることを痛感させられたのであった。

(P200803)

三人でも秘密を守れる。ただしそのうちの二人が死人になればの話だが。

　これは秘密を誰かに漏らしたら必ずその秘密は守られないものだと覚悟せよ、ということをユーモラスに教えたものである。特に日本の政界では、どんな話し合いでもすぐマスコミに漏れると言われている。軍関係ではどこの国でも秘密については厳しい。旧日本軍でも「軍機」というものがあり、これを漏らした人間は死刑を覚悟しなければならなかった。ところが戦後の日本では軍機どころか、いかなる秘密も守られない国になった。そんな国は他にない、ということで〔何年か前〕に、秘密保護法の草案が作られた。これには国際法学者も加わり、諸国の法律家も参加して、国際的にも穏当な法律草案が作られたのだが、結局、法律にならなかった。当時の社会党や共産党が猛反対したからである。その頃はこうした左翼政党はソ連や中共と通じていたとされるような関係にあったからである。その後、自衛隊の幹部級の人がロシアに機密を流したことがわかったが、それを罰する法律はなく、別の名前の法律にひっかけて、極々軽い刑になっただけだったのである。

　その点戦国武将は厳しかった。桶狭間の戦いの前に、織田信長は軍議を開いているが自分の作戦を明かさない。彼が計画を部下の軍勢に示したのは中島砦から突撃する直前である。これでは秘密の漏れようがない。そして大勝した。　　（P200205）

君の秘密をだれかに語れば、その人に自分の自由を売ったことになる。

「ここだけの話にしてくれよ」と言って話したことが、そこだけで留(と)まったという例はまずないであろう——ということはある程度の人生経験を持った人ならば誰でも知っていることである。

しかしお互いに秘密を持っていてはいけないとされる人間関係があるとされている。それが夫婦である。結婚相手には原則として秘密は持たないというのが建(た)て前(まえ)であり、夫と妻の秘密は、二人だけに共通のものとされるのである。だから結婚相手を選ぶときは、自分の秘密を、つまり自分の自由を与えてもよい、という相手を選ぶ必要がある。ひと目ぼれみたいな恋愛結婚は、小説としてはおもしろいが、実生活ではひどいことになりかねない。

秘密と自由が結びつくことは、社会生活の最も重要な一面である。外交官が秘密を握(にぎ)られてゆすられ、自殺した例もあった。自殺に終わらず、ゆすられ続けている政治家や外交官が少なくないとも言われている。イギリスでは昔、ホモが大きな罪であり、恥(はじ)でもあった。それを利用した恐喝(きょうかつ)が多く、国の政治にも害を及(およ)ぼすことが多かった。それでホモを犯罪としないことにしたと言う。二人だけの関係の場合、秘密が語られやすく、それが恐喝の材料にされるとその人の自由がなくなる。自由がなくなって国家機密を売ることを強要される場合も少なくなかったということである。

(P200705)

きれいな亜麻布(リンネル)、少女、黄金は、非常に輝かしいものだから、ローソクの明かりで選んではいけない。

　真っ白な敷布やシャツは明るいところで見れば本当にきれいだ。また健康な少女は、お化粧しなくても皮膚の下から輝きが出る感じである。また黄金はどこでも光る。こういうものを選ぶときは、夜にわざわざローソクをつけて見るものでないという。ここでフランクリンが特に言いたかったのは少女についてではなかっただろうか。

　フランクリンの時代でもいかがわしいバーなどが繁盛していた。そういうところで働く女たちは厚い白粉をつけている。そういうところは夜はローソクの光で何とも魅惑的に見える。そこにいる女たちはみな天使か仙女のように思われるかも知れない。

　しかしそういう場所は昼に出かけて見たらどうか。現在の日本のバーでもたいていそうだと思うが、昼の光の下ではうらさびしいものである。夜の美女たちも日の光の下で見たら、白粉の厚さと疲れた皮膚やしわだけが目につくのではないか。

　夜の魅力をそういうものとして楽しむのも人間の本性の中にあるのかも知れない。しかし少女の美しさを知るにはローソクの光ではだめなのである。お化粧なしで輝く皮膚が本当の価値なのだ。昼の光に耐えるものこそ本物というべきであろう。

（P200607）

怪我して痛いところは、よく物に当たってこすられるものだが、プライドの高い人はよく無礼に出会うものだ。

指などを一寸怪我すると、奇妙なくらいにその傷が何かにぶつかって痛い思いをする。しかし本当は怪我をしたところだけがよく物に当たるわけではない。ほかの部分と同じくらいに物にぶつかっているのだが、傷のない部分はそれを感じないだけの話である。また人に侮辱されたとしょっちゅう腹を立てている人がいる。その人はプライドが普通の人より高いので、侮辱に対して特に敏感になっており、たいていの人なら感じないことでも自分に対する侮辱と受け取ってしまうのだというのがフランクリンの考えである。

しかしこれには別の一面もあるのではないか。侮辱に対して特に敏感なのは、プライドの高さの場合もあるだろうが、エゴが傷つき易く敏感なだけという場合が少なくないのではないか。しかもエゴが傷つき易いのは本当の自信が欠如している理由によることだってあるのだ。「金持ち喧嘩せず」という諺の中には、金持ちは喧嘩すれば損するだけだからしないという意味と、昔の金持ちは自分が軽蔑されているはずはないと思っているので、そもそも腹の立つことが少なかったという意味があるのではないか。国民でもイギリス人などは侮辱を感ずることが少ないのに反し、侮辱されたのではないかとしじゅうピリピリしている国民もある。

(P200103)

他人(ひと)が君の期待に沿(そ)わないと言って腹を立てているのかね。それは君が自分自身を当(あ)てにできないと言っていることなのだぞ。

　当てにしていた人の援助がなかった時、腹を立てるのは当然である。親孝行をしてくれるはずの子供が、さっぱりダメだ、という時に親は腹を立てる。逆に子供も当てにしていた親の遺産がなくなっていたら腹を立てるであろう。それが「あたり前の人情」というものである。

　こうした「あたり前の人情」を抜け出そうという心がけこそが福運を呼ぶもとになると幸田露伴(こうだろはん)は教えている。自分の都合の悪いことを人のせいにしないで反省する、ということは難しいことである。しかし天災すら自分のせいにするぐらいの気持ちの人が長い目で見れば福運に至る確率が高いと露伴は教える。水害は天災である。その水害が少なかった作物は何であったか、水害を受けなかった場所はどこであったか。それを十分に観察・反省するならば、その人は次の水害を受ける率は激減するであろう。不景気がやってきた時、政府の政策が悪かった、というのはやさしい。しかし同種の企業でも打撃を受けることが大きいところと少ないところがある。何事も「人のせい」にしない精神でいることが、長い目で見ると福運の率を高くし、凶(きょう)運(うん)の率を下げるのだ、とアメリカのフランクリンも日本の露伴も教えているのである。

(P200305)

多くしゃべる者は多く誤まる。

　日本のことわざにも「口は禍の元」というのがある。日常生活においては、しゃべったことを後悔することが多く、しゃべらなかったことを後悔することはまずないと思う。その限りにおいて、フランクリンの教訓も、日本のことわざも正しい。特に日本には「物言へば 唇寒し 秋の風」という名句まである。

　これはあくまでも日常生活の次元のことであり、それとは別の次元のあることも確かである。企業における広報活動なども「企業が多く語る」ことに属するであろう。多く、しかも嘘がなく、じょうずに語ることが企業の栄える道の一つである。

　外交でも多く語らないと損をすることを、この前の戦争を振り返ってみるとよくわかる。たとえばシナ事変＊は中華民国側の国際宣伝に日本が一方的に「してやられた」感じがある。事変が発生し、停戦協定があった直後に、通州において日本人（コリア系日本人を含む）の普通の男女が 200 人以上も残虐極まる殺され方をした（昭和 12 年 7 月 29 日）。日本は世界中の新聞社の特派員にその写真を撮らせ、報道させるべきだった。しかし当時の日本、特に軍人たちは「口よりも腕力」を尊んだ。この時、日本に有能なスポークスマンがいて、多く語ってくれたら、シナ事変の拡大もなく、従ってアメリカとの戦争に至らなくて済んだ可能性が 100 パーセントに近かったと思う。こんな例が、戦前も戦中も、そして現在も多すぎるように思われてならない。（P200412）　　＊戦後は日中戦争とも言う。

「よくやった」は「よく言った」よりもよい。

「弁口をたたく」という言い方を子どものころはよく耳にした。「口が達者だ」という意味である。田舎では口が達者な人——「弁口たたき」と言った——はあまり尊敬されなかった。田舎ではその人の財産や商売の規模はみんなによくわかっている。口数が少なくても、財産があったり商売が上手だったりする人は一目置かれた。寄り合いでは、いくら上手に「弁口をたたいて」も、その人が貧しかったり、商売の規模が小さければ決して重きをなさない。

戦前の日本は全体として口舌のやからを軽んじて、実行力のある人を重んじていたと思う。元来は、行為のほうが言論よりも重要である。しかし日本はそう思いすぎたところがあったようである。世界を相手にしたときは、まず言論で有利にならなければならない。行為で証明することはできないことが多いからである。

一例をあげればルーズベルトが「絶対に日本をつぶす」と決心したのは昭和3年ごろに田中上奏文を読んだからだという。これは日本の世界征服計画書で、コミンテルンが作ったインチキ文書であることが今ではわかっている。そのとき、日本政府が本気になってこの文書が偽造されたものであることを世界に訴えたようにはみえない。国際舞台では昔も今も、フランクリンの教えの逆のこともあることを銘記したい。　　（P200606）

他人の手紙を読むなかれ、他人の財布に手を突っこむなかれ、他人の秘密に耳を傾けるなかれ。

　他人のプライバシーに興味を持ったり、他人の財産を盗むようなことをするな、という当然の教訓です。しかし人は他人のプライバシーに興味を持つ性質を持っています。特に他人の家の悪いことは興味を持って聞きたがり、また話したがるものです。他人の手紙、今日では他人のメールを読むことが、ミステリー映画などに出てきます。他人のよいこと、おめでたいことに興味を持つことはあまりありませんので、古代ローマ人は、「他人の私事に関心を持つのは悪意のあるしるしだ」と言っております。

「他人の財布に手を突っこむ」というのは泥棒ですが、今日では税制についても言われています。国民の財産や収入を細かに調べて税金を取ることに対して、「人の財布（ふところ）に手を突っこむような税制はやめよ」という声が欧米で高まりました。そして税は次第に消費税を中心にするようになったのです。これならば他人の財布、あるいはふところに手を突っこむ、という感じはありません。ヨーロッパでは消費税の率が20パーセント前後、あるいはそれ以上のところが普通になっていますが、これは他人の手紙を開いたり、プライバシーを侵してはならないという精神に通じているのです。　　　　　（P200405）

よく整った小さい家（リトル・ハウス）、よく耕された小さい畑（リトル・フィールド）、よく気配りのする小柄な妻（リトル・ワイフ）、これらは大いなる財宝（グレイト・リッチズ）である。

　三つの「小さい（little）」のついた単語と、一つの「大きい（great）」のついた単語を対比させた格言である。だから「小柄な妻（リトル・ワイフ）」というのも「可愛らしい妻」と訳すべきであろうが、リトルの「小」の意味を強いて出してみただけで、大柄の奥さんでも善意に満ちた可愛らしい女性であればよいのである。
　たしかに大きな家、大きな富、大きな国、大きな自動車などなど、「大きなことはよいことだ」と思われがちだが、必ずしもそうとも言えないのが人生である。〔最近でも〕数千億の財産のあった実業家が死亡されたが、前妻、別居中の正妻、同居中の愛人がおり、なきがらをどこから出棺するかが問題となったり、息子たちは生前その父親と一切口をきこうとしなかったなどと報じられていた。大いなる富も家庭的な幸福とは無縁だったらしい。〔最近〕、古いアメリカ映画（1956年作）の『ジャイアンツ』を見たが、そこには40平方キロもあるテキサスの大農場を継がず、小さい牧場をやりたいと言っている子供が出ていた。日本も朝鮮半島や台湾を抱え込んでいた頃より幸せのようだし、土地や人口の大きさを自慢している中国には、日本やその他の国に逃げ出したい不幸な民衆が何億人もいるらしい。

（P200204）

名誉を得る最短の道は、名誉のためにやる努力を、自分の良心のためにやることだ。

　科学者としての名誉を得たいならば、自分が納得できる良心的な、注意深い方法で研究を続けてゆくことである。ときにはノーベル賞のような大きな名誉も与えられるだろう。そんな大きな名誉でなくても、良心的な研究を続けておれば、必ず名誉が与えられる。少なくとも博士号は与えられるだろうし、同じ分野で研究している人たちからの尊敬は得られる。自分の周囲の人々からの尊敬、その人たちから与えられる名誉ほど確実で安定性のあるものはない。

　昔の小学校に「精励顕著（せいれいけんちょ）」という賞があった。「優等（ゆうとう）」という賞は成績がよい子どもである。ところがビリのような子どもでも、一念発起（いちねんほっき）して宿題などもよくやるように努力して、少しでも目につく成果があると、「精励顕著」の賞が校長先生から全校生の前で与えられた。わたしの小学校時代にも「少し遅れている」同級生がいた。ところがあるころから努力し始めて「精励顕著」になった。式が終わった後で、彼の姉（小学校の上級生）が彼を抱（だ）きかかえて涙を流していたのを見て感銘（かんめい）したのを覚えている。

　小学校の成績でも、学者や芸術家の仕事でも、実業の面でも、良心的な努力が名誉に連なるようになっている社会が健全な社会である。人が安心して良心的にやっていける世の中がよいのである。

（P200601）

手袋をした猫(ねこ)は鼠を捕えない。

　高校の頃の物理の先生に三浦重三という方がおられた。たまたまクラス主任でいらっしゃったので、学科以外のことでも一生私の頭に残るようなお話をいくつかうかがっている。その一つに、「勉強する時はねそべるな」と言うのがある。つまり腹(はら)這いになったり、仰向けになったりして勉強するな、ということであった。

　今では暖房がよくなったからピンとこないかも知れないが、昔は寒かった。特に東北の冬は寒かった。それでふとんの中に入って勉強するということがよくあった。「それではいけない」と三浦先生はおっしゃるのである。どてらでも毛布でもいいから体にうんと捲きつけ、ともかく机に向かって勉強せよ、と言われた。横になって勉強していると、その時は解ったようでも案外頭の中に入っていない。

　勉強するなら断乎(だんこ)として机に向かってやるべし。眠い時はふとんに入り思い切りよく眠るべし、というのであった。そしてこれは修学中の者にとっては鉄則だと今の私も思う。大数学者がふとんの中で横になって発見するのと、学生が勉強するのとは異質の行為である。学生が数学をやる時は、自分の手に鉛筆を持って計算したり作図しなければならない。英語をマスターしたいなら自分の手で英作文を書いてみなければならない。そのためには断乎として机に向かわなければならない。横になって読む本は頭を休めるためと割切ってよいであろう。手袋をした猫みたいになってはいけない。

　　　　　　　　　　　　　　　　　　　　　　　(K199611)

二人の弁護士の間の田舎者は二匹の猫の間の魚と同じだ。

「蜘蛛にひっかかる」という表現を聞いたことのある人は少ないと思う。しかしわたしが子どものころ、しばしば耳にした。戦前の田舎は法律と無縁の世界だった。昔からの慣習が強かったからである。それでもときに、弁護士が出てくるときがあった。それは農家の相続の場合である。

たとえば姉と弟の年がうんと離れた場合、農家は常に働き手を必要とするから姉に婿を取る。そうでもしなければ田畑の耕作に差し支えるからだ。うんと年下の弟をば上の学校に入れてやったり、町に店を出させる資金を与えたりして独立させる。これでうまく行くのが慣習であった。

しかし法律を知った悪い奴がそういう話を聞くと、後で弟に姉夫婦を訴えさせる。戦前の相続制では男子が絶対強い。姉夫婦のやっていた農家はつぶれる。弟は弁護士料を取られて大して豊かになるわけでもない。こういう悪徳弁護士を当時の田舎の人は「蜘蛛」と言って恐れ、かつ嫌った。

法治国家における弁護士の役割は大きく、かつ重い。その需要は益々増えて、日本中の大学がロー・スクールを作るのに狂奔している。そこから出る弁護士が蜘蛛にならないことを祈るが、弁護士大国アメリカでは、フランクリンの時代──アメリカ独立以前──から蜘蛛だらけだったらしい。　　（P200510）

よい弁護士は悪しき隣人である。

　訴訟社会——何が何でも訴えるという風習のある社会——では、法律の使い方の上手な人が得をする。そういう人を隣人にすれば何かもめ事が起きたときにこっちが不利になるからそういう人は「悪しき隣人」ということになる。

　昔は貸家や貸間というのが多かったが、「新聞記者と弁護士には貸すな」というのが家主たちの常識だったそうである。明治や大正の初めごろまで、普通の日本人にとって、新聞記者や弁護士は新しい理屈をこねる、付き合いにくい人種だったのである。江戸時代からそのころまでは家主と店子の関係は「まあまあ、なあなあ」の話し合いでかたづいた。しかし新時代の新聞記者や弁護士との間ではそうはいかない。

　しかし今では普通の人でも、昔の新聞記者や弁護士の感覚になってきている。夫婦であっても、夫は妻に、妻は夫に法律的に武装する必要が出始めているという。ましてや隣人に対して油断ができない。

　するとフランクリンの教訓を逆用して、「よい弁護士」を友人、あるいは顧問にすることを学ぶべきである。わたしもいやおうなしに隣人との問題に巻き込まれたことがあった。わたしの弁護士はきわめて優秀で有能だった。そのおかげで予想をはるかに超えたよい結果を得ることができた。「よい弁護士を友人にする」時代に入ったのかも知れない。　　　　（P200610）

わたしは飢えて死んだ人を見たことはないと言ってよいが、食って死んだ人なら10万人も見ている。

〔2年前〕にわたしと同年齢の友人たちの集まりの忘年会があった。そのうちのふたりは太り過ぎであった。帰宅してからわたしは家内に言った。「K・K君とS・H君は太り過ぎている。危ないぞ」と。それから2か月してK・K君は急死した。ひどく寒い日の葬式だったので、参列した家内は風邪をひき、入院することになった。それから1年ぐらいしてS・H君も亡くなった。

　実は〔数年〕前までわたしも太り過ぎであった。理由は簡単で食い過ぎだったのである。体重の1000分の1のたんぱく質を毎日摂取する必要があるという学説に説得されて、何年か続けたら太ってしまったのであった。幸いに血液中のいろいろな検査値にまだ異常は出ていなかったが危ういところだった。人参ジュース断食のサナトリウムに紹介されて、1週間で4キロ体重を落とした。200グラムのステーキ20枚分である。この4キロが全部体に不要で有害な物質であったかと思うとぞっとした。それから節食と断食を心がけているせいか、不健康な太り方をする人を見ると気になるようになったのである。人間は餓死することはめったにないが、飽食死は日常的である。鯉もえさをやり過ぎなければ何10年も生きる。人間も鯉も同じらしい。フランクリンの時代と同じなのである。　　（P200505）

老人から夕食を盗んでも、その老人に悪いことをしたことにはならない。

　一見ギョッとするような言葉である。老人を虐待してもよい、というようにも解釈されるからである。

　もちろんフランクリンが老人虐待をすすめているのではない。老人の過食を戒めているのである。夜に食べすぎるのは老人の健康によくないから、老人の食卓からはごちそうを取り上げても、かえってその老人のためになる、と言っているのだ。

　よくテレビの健康番組にも出られる医師の石原結實先生は、ニンジン・ジュース断食の主唱者でもある。石原先生の言葉によれば、急死した老人の例を見ると、その前の晩にお祝い事があったりして、飽食していることが多いそうである。老人になったら夜の飽食は、翌日の急死になることがあるという指摘は、フランクリンの観察と一致している。

　石原先生のニンジン・ジュース断食サナトリウムでは、開設以来〔20年〕近くなるけれども、1件の事故もないそうである。免疫力が上るのか、とにかく病気になる人は断食中には出ないらしい。わたしの飼っている鯉は40歳近くなるのもいるがえさを極力抑え、時として何日もやらないせいか、すごく元気である。成長期の人は十分食べてよいだろうが、老齢に向かったら節食が大事らしい。しかし今日では、若い人はスタイルを気にして節食し、老人には飽食の傾向があるのではないか。

（P200509）

ケチな人のチーズがもっとも健康的。

　フランクリンは節食の重要さについてしばしば格言を作っている。グルメと称する人たちはあのチーズがうまいとか、このチーズがうまいとか、チーズの名前をあげる。しかし体によいチーズと言ったら、何と言ってもケチな人のチーズ。つまりちょっとしか出してくれない人のチーズだよ、とフランクリンは言うのである。

　チーズが健康食品であることはだれでも知っているが、そのチーズでも、ほんの少し食べるのがもっとも健康によいという。人類の長い歴史でも、その大部分の時代は飢えと戦う毎日だった。だから人間の体は飢えには強いようにできているという。そして過食には適さないらしい。それでも若いときなら運動もするし新陳代謝も活発だからまだよいが、中年以降の過食は毒を食べているようなものだと極言する人もいる。

　元気といわれた老人が急死するのは、前夜の宴会などで過食した後が多いという。〔数年〕前友人たちと忘年会をやったとき、丸々太っている人が二人いたが、一人はその2か月後、もう一人は1年後になくなった。人間に限らず動物もそうだ。わたしのところには40歳ぐらいの鯉たちもいるし、巨大な金魚もいるが、みな長生きで元気なのは、えさをあまりやらないこと、しかもそれさえもときどき忘れるからだと思っている。

(P200512)

1日3度の「良い」食事をするのは、「悪い」生き方だ。

　人類は長い間、飢えと戦ってきた。わたしの祖母は東北の山奥の生まれであるが、孫のわたしに聞かせた話で、今では奇妙に感ずるのは、飢饉の恐ろしさとオオカミのこわさである。明治維新前の東北の山地では、オオカミに食われた村の女たちの話がよくあったようである。またほかの地方との交通がほとんどなかった山村に飢饉が来たら、それこそ壁に混ぜたわらでもむしり出してかむということになったらしい。〔去年〕の上越地方の水害でも隣村や近くの町との連絡がない時代ならば、住民の何10パーセントかは餓死した可能性がある。

　常に飢餓に直面していた人間は、食糧不足には強い。「終戦直後の東京の焼け跡に、かぼちゃやいもを作って耐乏生活をしているうちに長い間自分を苦しめていた糖尿病がすっかり治ってしまった」と東京裁判の弁護士として大活躍した清瀬一郎博士が書いておられる。似たような話はほかにも何例もある。

　これは犬や猫のような家畜にも当てはまるし、鯉にも当てはまる。動物は過食に適応できないようになっているらしい。しかし欠乏には強い。欠乏に強いものだけが進化のプロセスで生き残ったのだ。

　人間は金持ちでも1日3度の美食は自殺行為だ。毎日1回でも美食を続けるのは危ない。特に高齢になったら美食を続けることはほとんど毒をとり続けるようなものだと悟って、わたしも今は1日2食である。

（P200702）

訪問は冬の日の如く短く、そして急ぎ去りゆくべし。厄介な人間にならぬように。

　今は人の家を訪問したりまた訪問されたりすることが稀になった。昔は「長っ尻」の客にどこの家も困らされたものである。特に主婦は参ってしまう。それで箒に手拭をかぶせて逆さに立てるなどというお呪いなどあった。

　ところが今日ではこの習慣はすっかりすたれてしまった。「長っ尻」などという言葉も廃語になってしまった感じである。今では前以て約束しないで人を訪ねるということは少なくとも東京あたりでは考えられなくなってしまった。アポ（予約）を取るとかいう。しかも個人の家を訪ねることは稀で、事務所とか喫茶店とかレストランとかが多い。電話が普及したため、予告しないで訪ねるという口実がなくなったことも一因かも知れない。

　その代りに予告なしに来て、長い時間を取るのに電話がある。長電話は特に女性と青少年男女に多いようだ。高校生のいる家には夜は電話が通じない、と言われたこともあった。最近では携帯電話が普及したため、家庭の電話は多少通じ易いようになったらしい。ところが青少年男女の長話自体は終らない。私はよく夜遅く散歩するが、約1時間後に同じ道にもどってきても道路の片隅にしゃがみこんで携帯電話で喋り続けている高校生ぐらいの男女を時々見かける。長っ尻は長電話になったようである。双方が楽しんでいるのかも知れないが、相手が迷惑していることもあるのではないか。
　　　　　　　　　　　　　　　　　　　　（P199812）

与えられるものは輝き、受け取られるものは錆びる。

　これは「施し物」をする人物になれ、「施し物」を受ける側になるな、というフランクリンの忠告である。独立自尊の精神がアメリカを流れているが、それは維新を体験した福沢諭吉にも伝わった。福沢精神と言われているものも、つきつめれば独立自尊の精神と言ってよいであろう。確かにフランクリンの時代にアメリカに移民した人たちが、社会保障とか福祉政策を求めて大西洋を渡ったわけではなかった。身分制とか宗教とか、規制の多かったヨーロッパを脱出して、規制のないところで自由に働いて、独立した生活を求めようという人たちが移民になったのだった。

　しかしその後の世界では、自由よりは保障、独立よりは「国掛り」を求める流れも生じた。その極端な形が共産主義国家で、国民はすべての自由企業を捨てさせられて、総国掛り、つまり全員が国家隷属になった。今ではそれが駄目なことが立証されたが、それでも「施し物」を受け取ることを権利と考えている人々や国々がある。発展途上国に行くと、農耕機械や工場設備が文字通り錆びている例が少なくないと言う。「受け取られるものは錆びる」のである。明治の日本が近代化しようとした時、どこからも資金援助も物資援助もなかった。われわれの先祖は自分たちの力で近代化をやった。それが尊いと思う。

(P200208)

汝の店をよく保て。しからば汝の店が汝をよく保たん。

　これはフランクリンの言葉として最も有名なものの一つである。自分の店、つまり自分の職業を大切にしておれば、自分も安泰であるという明白な事実がある。しかし、しばしば忘れられることがある。

　80年代の日本経済は文字通り世界一だった。世界の大銀行を10行あげれば、日本の銀行はそのうちの8行か9行だったし、製造業は家電、ビデオ、ファックス、自動車など世界の市場で最も強力であった。ところがバブルになると、銀行は本業の「投資」を忘れて土地の「投機」に走った。その結果は〔今〕見る通りである。バブルの後に潰れた企業の大部分は、本業を守らず土地や株の投機をやったところだった。実際、こんな不況でも、本業を固く守ったところは何とかやっているようだ。東京のタクシー会社でも、危ないところはゴルフ場やホテルに手を出したところだという。

　本業を守るということは、いつも同じことをやり続けるという意味ではない。その分野での変化や進歩に合わせてゆくことは必要だ。しかし安易に他のところに手を出すと、本業における徹底的な努力が行われず、従って本業に関する変化にも対応が遅れてしまうのである。「投資」の内容は変わっても、銀行の使命はあくまでも投資だという姿勢を貫いた銀行は、「地銀でも日本一の内容」と評価されているのだ。　　　　（P200203）

賢者は他人の損をするのを見て学ぶが、愚者は自分が損してもなかなか学ばない。

　昔、武士の間では「武者語り(むしゃがたり)」という習慣があったそうです。戦場の経験のある老練な武士が、自分が戦場で体験したことを、まだ戦場の経験のない少年や若者たちに話して聞かせるのです。その聞く時の態度で少年の武士としての素質がある程度わかったと言われます。戦場では一寸の不注意が死に直結していますから、武功を志す少年たちの目の輝きは特別だったはずです。

　今は戦場の心得を必要とする人は稀(まれ)ですが、学校では学業の心得がそれに当ります。先生が時に、授業を脱線して、勉強の成功談とか失敗談とか話すことがある。それが現代の「武者語り」というべきものでしょう。ところが今は、そういう話を先生がすることは、私語が多くなるので不可能だということも耳にしたことがあります。「武者語り」に興味を持ってそこから勉学のコツを学ぶ姿勢、教訓を汲(く)み取る姿勢が支配的な学校やクラスはいいところと言えましょう。私なども先生方の「武者語り」を参考にして生き方を見つけてきたような気がします。小学校6年生の時、先生から「勉強しないための理由はいくらでも見つかるものだ」という話を聞きました。この教訓を忘れないようにしているつもりですが、どうしても「しないための理由」を見つけ勝ちなものです。　　　　　　　　(P199711)

3回引越しするのは火事に1度遭ったぐらい損をすることになる。

　アメリカ人はよく引越しするという。統計上では平均して4年に1度だという記事を読んだ記憶がある。フランクリンの時代はそれこそ開拓期で、人の動きもおそらく今よりも甚だしかったかも知れない。そういう時代に、「3回の引越しは火事1回の損」という観察をフランクリンはしているのが面白いと思う。もちろん火災保険の発達していない時代の話である。

　もちろん引越しを前提とした仮ずまいということもある。私も大学に入った時、寮に入れなかったため、2か月ばかり知人の家に泊っていたことがある。しかし寮が空いて入ってからは、大学院を卒業するまで6年間動かなかった。寮は起床や就寝の規則がうるさかったから窮屈と言えば窮屈だったが、安いことと、通学時間が不要という利点があった。この寮生のうち、今、大学で教えている者が数人いるが、全員が引越ししないで卒業までいた者たちばかりだったことに気が付いた。折角の寮を出て、下宿に入ったりした者が多かったのに、不思議な現象である。ともかく通学時間を考えただけでも寮は恵まれていた。自分の「今」の状態の利点が見える人間は、自分が択んだ専門の面白さも解ってその専門の勉強が一生続いたのかも知れない。何度も結婚し直したり、何度も転職することについて、フランクリンはそれを何にたとえただろうと思ったりもしている。

（K199702）

愚者は大盤振舞いをし、賢者はそれを食べる。

　無暗に人に奢りたがる人がいます。それは子供の世界でも小規模ではあります。自分が人気がないと思っている子供は、仲間の機嫌を取るためにそれをやるのですね。私の中学生の頃にもそういう同級生がいたことを思い出します。ケチでないこと、気前のよいことは、決して悪いことではありません。しかし人気取りみたいな下心のある気前のよさは、卑屈さの現われです。不思議なことに、そういうことは何となく子供に分るもので、奢ってもらっても、心の底では本当は感謝も尊敬もしていないんですね。

　同じことが戦後の日本がやっている対外援助についても言えそうです。人口が日本の倍以上もあるアメリカよりもODA（政府開発援助）が多いのに、馬鹿にされるような提供の仕方をしているという印象を受ける時があります。お隣の国には何兆円もの援助資金を出しているのに、そのお金はその国の軍事拡大にも使われてもいる上に、かえって日本が軍国主義だ、などと言われているのですから、正に愚者の大盤振舞いではありませんか。大災害の時の人道的援助は当然であります。しかし恒常的な大盤振舞いは馬鹿にされ、なめられるもとになりましょう。人に奢る場合でさえ、相手をえらび、しかるべき理由がなければ、愚者の行為にすぎなくなることもあるのです。

(P199908)

晴れている時にはオーバーを持つことを忘れるな。

　フランクリンが住んでいたアメリカ東海岸では、冬の晴れた日にカナダの方から急に寒気（かんき）が下りてくることがある。晴れているからと言って油断（ゆだん）すると急に寒くなることがあることを忘れてはならない。これは天気のことだけでないことはみんながよく知っている。

　〔10年前〕のバブルの頃（ころ）の景気はすごかった。株の値段も土地の値段も天までとどくようであった。そこにすごい「寒気」が襲（おそ）ってきた。猛烈（もうれつ）な冷えこみである。都市銀行でも潰（つぶ）れるところが出たし、大デパートでも破産するところがある。こんな時でも好調にやっているところもあるのだ。

　たとえばＲという小売りチェーンである。この経営者は「商売の基準を不況（ふきょう）に置く」という方針でやってきたそうだ。好況であれば言うことないが、いつも商売の方針は不況時でもやっていけるということで展開してきたという。

　ごく近所の不動産会社の社長の家が売りに出ている。屋上にはゴルフの練習場のあるすごい家である。地価の下落に耐（た）え得なかったのであろう。その物件を取り扱っている不動産屋は私の知人だが、バブルの時も小さい店のままでやっていた。支店もあるが小さい店構えである。彼の仕事はこの不況時でも好調だという。

（P200012）

最初の欲望を抑える方が、それに続いて起るもろもろの欲望を満足させるよりも容易である。

　欧米の勃興期に、教育の分野で盛んに唱えられたのが習慣論であった。フランクリンのこの言葉もそれと関係あるとみてよいであろう。つまりはよい習慣を確立することの重要性を、ここでは裏返しで教えているのである。

　こんな笑話を読んだことがある。奥さんにスカーフを買ってあげた。そしたらそのスカーフに似合う洋服が欲しいと言われ、それを買って上げたら、その洋服に似合う靴、それに似合う帽子、またそれに似合うハンドバッグ、それに似合う指輪、更にそれに似合う顔というので整形手術まですることになった、というのである。これはもちろん作り話だろうが、人間の欲望も一つ満たすときりがなくなる傾向がある。身を滅ぼした人の話はたいていこれである。バブル紳士の多くもそれだったように見える。

　ただ欲望にはプラスの方向性のものもある。それは志と言ってもよいし向上心と言ってもよい。小さなことで一つ成功し、更にそれを伸ばして行く、ということがそれである。ではプラスの方向性の欲望とマイナス方向性の欲望の違いはどうして見分けるか。それは自分の心に聞いて見ればたいてい明白である。努力を要せず、自己満足的にいい気分になれる方向性がマイナスだ。

(P199805)

金を試すものは火であり、女を試すものは金である。そして男を試すものは女である。

　火事のあとで、光り輝く金製品を見た人は、金とその他のものを最も的確に区別するものは火だと悟る。鉄製のものも銅製のものも火事のあとでは使いものにならない。天下の名刀と言われるものでも火に遭えば屑鉄となる。「黄金のような人」とドイツ語で言えば、本当に立派な人という意味になる。

　女性を試すのは金だ、というのはフランクリンの皮肉でもあるが、多分に真実でもあろう。日本でも「貫一お宮」の話もある。戦後は日本の名門の家の女性の少なからざる人が——私が直接知っているだけでも二人——お見合で当時第三国人と言われる人と結婚した。終戦後しばらくの間、日本の大金持の多くは、警察も税務署も遠慮した第三国人のヤミ屋上りであった。彼らは当時名門の家でも不自由した現金を唸るほど持っていたからである。

　実は男を試すものも金と言ってよさそうである。エリート官僚もそれには弱い人がいたし、多くの男は一番もうかりそうな職業に就きたがるのだから。しかし男がいやしくなる最大の理由は女性のためであろう。母親が名誉や適性よりも金を大切にするようであれば、息子もそうなりやすい。また高級官僚などで汚職じみたことをするのは、金を欲しがる欲張り妻を持っている場合にほぼ限られているようだ。

(P199909)

人を説得しようと思ったならば、「理」を語らずに「利」を語れ。

　いかにもフランクリンらしい率直な忠告である。日常の行為においては人は「利」によって動く。昔、「建武の新政（中興）」（後醍醐天皇が北条幕府より一時期政権を奪取した歴史的事件）を歴史で教えられた時、それは大義により後醍醐天皇の側についた武士と、利益によって北条幕府についた武士との対立という図式だった。ところが後になって朝廷側についた武士の大部分は、その前の承久の乱で幕府に領地を奪われた者たちだったことを知った。だから建武の新政に参加した武士たちが、恩賞に不満を持つと、今度は足利尊氏に味方して新しい幕府に参加してしまうのである。（楠木正成は例外とされる。）昔の武士は「義」で動くようであるが、実は「一所懸命」で「利」で動きやすい。

　現代の役人たちは正義の代表ということになっているが、大部分は国益より省益、つまり「天下り」を考慮に入れた「利」で動いているという印象がなくもない。

　国際関係でも似たようなものだ。ティモールという小さい島の独立に熱心な大国たちが、チベットの独立や満州族の独立を言わないのは、「利」が問題だからである。ところが国際関係では、うまい「理」（たとえばデモクラシー）をふり回す国が「利」を得やすい。日本の欠点は「利」に連なるような「理」を上手に使えないところにあるのだ。　　　　　　　（P200007）

貧しい人には欲しい物がいくつかある。贅沢する人には欲しい物が沢山ある。貪欲な人には欲しい物が限りなくある。

　人間が物質的なことと関係を持つ場合、三つの形態がある。つまり貧困か贅沢か貪欲かである。貧しい人は空腹で食べるものが欲しいかも知れない。冬なのに着るものがなく、暖かい衣料品が欲しいかも知れない。雨露を凌ぐ家が欲しいかも知れない。貧しい人の場合は欲しい物が具体的で極めて限られている。戦後しばらくの間、多くの日本人はこれを体験した。大陸からの引揚者など、特にその欲求は切実であり、しかも欲しいものは少なかったと思う。
　そのうち高度経済成長が起こってくれたため、たいていの日本人は多くの物を欲しがる「贅沢」の段階に入った。電気釜、電気掃除機、電気洗濯機ぐらいまでは必需品の感じであった。電気冷蔵庫や車やエアコンになると贅沢と思われた時期がかなりあったが、今では必需品みたいになってしまった。今では贅沢品とされるものは高級ブランド品とか豪華船での旅行とかになっている。しかしこんなものは程度がしれている。キリがないのは貪欲である。資本主義の本質的な欠点は、貪欲を正当化することであろう。ところが資本主義の反対の共産主義も権力者の貪欲にはキリがなかった。人間的な欲望では小さな贅沢が中庸であると知るべきだ。
　　　　　　　　　　　　　　　　　　　　　（P200206）

何も知らない人が偶然予言者となることもある。最も賢い人が見落としている時に。

　戦前のことである。天皇陛下は大元帥として白馬に乗っておられた。無敵皇軍の象徴として颯爽たるお姿だった。ところがある無学な老人はつぶやいた。「天皇が馬に乗られるようでは日本が危ない」と。その頃の日本には敗北の徴候は少しも見えなかったのに。

　後になって考えてみると、初代の神武天皇以来、馬に乗った天皇という姿は歴史に見えないらしい。（この点からだけでも日本人騎馬民族説はあやしいのだ。）幕末に生まれた無学な老人は日本の歴史を知っていたわけではない。しかし「馬上の天皇」が何となく日本というあり方にふさわしくないと感じたのだろう。

　私の無学の伯母――全く字が読めなかった――は、早い時期に「この戦争は負ける」とこっそりささやいていた。新聞も読めず、ラジオもない田舎に住んでいたのに、である。理由は「日露戦争の時と違うから」と言うだけだった。

　全く無知な人が予言者のようになることがあるのはどういう時だろうか。学識ある人の予測のつかないことは何なのだろうか。われわれはその道の専門家、学識経験者と言われる人の言うことに耳を傾けざるをえない。しかし心の片隅には、偉い人たちに見えないものを感じている無学者がいることを忘れてはなるまい。

（P200104）

この世のことについては、人は信ずることによっては救われず、信じやすさを欠くことによって救われる。

　天国、あるいは極楽に行くためには、信じなければならない。「幼児の如く信ぜよ」とも言われます。しかしそれは宗教上のことです。現世においては「信じやすくないこと」によって救われることが多いのです。たとえば飛行機に乗ることにします。空港は高速道路で行けば普通1時間の距離だとします。そういう計算を信じて家を出る人は乗り遅れる可能性が極めて高い。高速道路は何もなければスムーズですが、事故も多いのです。ちっとした事故でも大渋滞が起るでしょう。それを考えると十分以上の余裕をみる、あるいはモノレールにする、などという用心が必要になります。「経営者の仕事は常に最悪のシナリオをも考えて準備することである」とも言われています。阪神大震災でわかったことですが、ああいう緊急事態に対しても備えていた企業もあったことです。

　勉強の計画もそうでしょう。私は卒業論文でも締切の2ケ月前までに仕上げる計画で書くように指導しています。それでもたいていは締切ぎりぎりだったり遅れたりします。

　病気や事故や、思いがけない邪魔が入ってきて、2ケ月ぐらいの余裕はすぐなくなるものなのです。この世のことをやるには、信じやすさを欠くことが必要です。何があっても大丈夫なように、十分な余裕をみておくことが、救いになると覚えておくべきでしょう。

(K199703)

必要にせまられるとよい取引きはできない。

　日本では「貧乏人は高い米を買う」とも言っていた。備蓄のある豊かな人は、米の価格が高い時は無理に買わなくてもよい。しかし備蓄のない人は、とにかくすぐに買わなければならないので、値段のことは言っておれない。かくして富者はますます富み、貧者はますます貧する。キリストも聖書の中でそう言っているが、神学者はそれをこじつけて、信仰の富めるものはますます恵まれるというふうに解釈しているようだが、キリストのこの言葉は文字通りに取ってよいであろう。

　個人にとってのみならず、国家にとってもそうである。私の世代の人は、日本に石油がなかったことが、大東亜戦争に突入する引き金だったことを体験的に知っている。石油がなければ大艦隊も飛行機も動けなくなる。ところが石油を売ってくれる国がない。お金で手に入らないのなら武力で手に入れるより仕方がないとインドネシア占領に向かったのだ。あの戦争こそ「高い買い物」だった。早く豊かになったイギリスやアメリカが外交的に余裕があったのは「高い買い物」をする必要がなかったからであろう。会社も余裕がなければ高い金利のお金を借りなければならない。日本も将来、高い買い物をしなくてもよいようによく備えるべきであろう。教育でも技術でもそうだし、もっと手近なところでは電力問題がそうである。（P200111）

見る（see）ことはやさしく、予見（foresee）することは難しい。

　鳥の群れでも、獣の群れでも、早く感づくことのできる者がリーダーとなる。ライオンが近づくのに早く気がつけばそのしま馬の群れは助かる。気がつくのが遅れれば何頭かはやられる。リーダーの質は早く気がつくかどうかにかかっている。もし予知能力があるリーダーがいるとすればその群れは安全だ。

　これは人間の組織にもあてはまる。10億人の実質的失業者がいるとさえ言われている中国と自由貿易をやれば、そこと競合する製品だけを作っている日本企業は、価格競争で必ず敗れる。これは比較的予見しやすいことである。それが個人の企業ということでなく、国全体として考えれば、ほとんどすべての商品について言えることが明らかであるから、日本の物価は全体として下がる、と言わなければならない。

　西欧でも東ヨーロッパ諸国やロシアなどの膨大な人口の低賃金国が生じた。ドイツなどもそのために影響をもろに受けている。簡単に言えば、旧東側、つまり旧社会主義諸国が自由貿易に参加すれば、その低賃金人口のために必ずデフレになる。これは国家のリーダーが予見しなければならないことだった。それなのに、まだ「デフレを抜け出す政策」が議論されている。〔首相〕※は10年前からデフレの必然性を説いて、そこから抜ける道は各企業の工夫しかないことを言明すべきだった。

　　※（編集部注）小泉純一郎　　　　　　　　　　（P200311）

ろくでもない注釈者はどんなよい本をも台無しにする。それと同じように神様は食物を贈って下さるのに料理人がそれを台無しにする。

でたらめな注釈をつけられた本を読んだらひどいめに遭う。古典は注釈者次第である。食物も神様、あるいは大自然の恵みであり、元来はおいしく食べられるものだが、料理が下手なら食えたものではない。鰻なども日本の白焼きや蒲焼きはうまいが、料理の発達していない国では食えない。フグなどは極端で、日本では最高の美味だが、料理を知らない人が料理すれば命にかかわる。

メキシコの港町にテレビで行った時、贅沢な旅行だったので、山のような海鮮料理が出された。しかしどれも不味くて食えなかった。それは私だけではない。そこでわれわれが釣ったカジキマグロを刺身にしたら、これが断然うまかった。自然の恵みと、下手な料理の差をあれほど極端な形で体験したことはなかった。

子育てでもそんなことが言えるのではないか。どんな可能性を秘めた子でも、虐待されたり、またそれが嵩じて殺されたりしては台無しである。そこまでゆかなくても、小言が多すぎる親だとか、反対に甘やかしすぎる親は、塩を入れすぎたり、砂糖を入れすぎたりする料理人と同じことではないかと思う。子供に対して、親はよい料理人が食材に対するが如くであるべきだ。

(P200107)

老いたる若者は、若い老人になるであろう。

「老いたる若者」というのは、「思慮深い若者」という意味である。若者は軽薄でよく間違いを犯すが、それは「若いから」と言って許される傾向がある。しかし若者の中には、将来を考え、志を立てて、着々とそのための準備をしている者もいる。こういう若者をフランクリンは「老いたる若者」と呼んだのである。

たとえば老人になると、酒量をひかえ、食いすぎないように心がける。しかし若者は暴飲暴食をやりやすい。しかし若い時から節制している若者もいる。石原裕次郎さんはすごい酒量の人だったらしい。老人になる前になくなられている。兄の慎太郎さんは、私がはじめて知り合った〔20年前〕ぐらいから、すでに健康に気をつけられる方であった。そして〔古稀〕の今でも日本で最も輝いている若々しい政治家だ。安田財閥を作った安田善次郎翁は若い時から老人のような慎重さを事業にも健康にも示した人であった。戦国武将でも、徳川家康は若い時から最も老成した人であり、健康にも気をつかった。そのおかげで徳川家の天下を築くことができた。もし数年、健康の衰えが早ければ徳川幕府はなかったであろう。若さをたたえるのはよいが、若者に「老成」の大事なことも教えておく必要があるであろう。幕末の第一等の人物であった橋本左内は「稚心を去る」ということを自らの生き方とした青年であった。

(P200303)

笑い物になっているとは知らずに高い買い物をする人がいる。たとえば甲氏の邸宅だとか、乙氏の競走馬とか。

　高価な物を手に入れるということは、人にうらやましがられることだ——と信じて疑わない人たちがいる。他人にうらやましがられるといい気分になるのは人の常である。そこでほかの人がなかなか買えない高価なものを買う。会社勤めのOLが、高価なブランド品を買うことから、金をもうけた人がプール付きの大邸宅を建てることに至るまで、そこに働く心理は同じである。

　当人はそれで人にうらやましがられているつもりなのだが、それが陰(かげ)では人の笑い物になっていることもあるのだとフランクリンは指摘する。イギリスやアメリカの本当の金持ちは道路から見えるところには家を建てない。そういう人は人をうらやましがらせる気持ちがないどころか、うらやましがられることをむしろ恐(おそ)れるのである。

　大学の生物学教授を停年退職した夫のために、退職金と貯金をはたいて電子顕微鏡を買ってあげた奥さんを知っている。当時、同じ顕微鏡を持っている個人は昭和天皇だけだという話だった。その生物学者は大学を離れても研究を続けることができて幸せな人生を送ることができた。この場合、彼は同じような立場にある停年退職した学者たちにはうらやまれたであろうが、笑い物になったとは考えにくい。

（P200602）

機知に富んだことを言うのは上手だが、その知能では腹を一杯にすることのできない人が多い。

　子供の時、うちの近所に冗談のうまい自転車屋さんがいた。かなり大きな家で、私もしょっちゅう遊びに行ったものである。ところがその家の主人は面白いことを言って人を笑わせるのは上手だが、家業の方はサボっているから、着実に貧乏になってゆくのが、遊びにゆく子供の私にもわかった（遊び友達になる子供が４人いた家である）。裏庭に面した廊下がいつの間にかなくなる。薪として使うからである。そのうち後ろの方から部屋が消えてゆき、ついに一間になった。夏休みの頃だった思うが、突如、二階もろとも屋根が落ちた。そんなところをこの目で見たことがあるから、冗談を言う能力と、家を支える能力とは全く関係がないらしいことが子供心にも身に沁みこんだ。

　きっとホームレスの人たちの中にも、話術の上手な、冗談のうまい人が少なくないのではないか、と想像している。そういう能力は磨けば落語家や漫才師として成功することにもなると思うのだが、機知や冗談で食っていけるようになるには、とてつもない修業が要るのである。冗談が上手なのは頭がよいということである。しかし、それに努力とか修業が加わらないと食えるようにならない。「食えるようになる」ということが人生の重要な物差しだ。

（P200112）

編集部奥書き

　本書収録の渡部昇一先生の文章は元々は中高生に向けて書かれたものですが、我々大人が読んでも何の違和感もなく、教えられ楽しく読めます。専門の分野は別として、優れた執筆者の手になる文章は中高生でも成人でもごく自然に接することができます。

　このことに気付いたのは、中学生向けの月刊誌の巻頭言を主に大学の先生方に書いていただいている時です。一人に各学年用として3点お願いしていたのですが、岡潔先生（数学）から届いた封筒に入っていたのは1点。メモが付けられていて、「いま私が日本の国民に言いたいことはこのことしかありません。1点で具合が悪ければ没にして下さい」という趣旨のことが記されていました。昭和38年(1963)のことです。題は「心と国語」。書出しは「自然ははっきりしているが、心ははっきりしていない。今のたいていの日本人はそう思っているらしい。しかしそうだろうか。」と始まっています。

　その前年佐藤春夫先生のお宅に電話したとき、電話口に出られた千代夫人が「一つの題で3枚より三つの題で3枚のほうが大変なのよ」とおっしゃったことが頭に蘇ったことでした。

　ほか、澤瀉久孝（萬葉集）、榊原仟（心臓外科）、平澤興（神経解剖学）、堀口大學（詩人）等どなたも同じです。今回の渡部先生の「フランクリン格言集」の編集に際して、改めて「一流の学者、文人の執筆姿勢」に思いを致した次第です。

　本書の収録作品は平成8年（1996）5月から20年(2008)3月までのものです。各文末に（K199605）とか（P200803）と付してあります。また、文中で〔　〕を用いて〔今年〕〔30年〕とか〔近頃〕となっているのは、執筆当時の記述を示します。

渡部昇一先生略歴

昭和5年（1930）10月15日　山形県鶴岡市養海塚に生まれる。
旧制鶴岡中学五年のとき、生涯の恩師、佐藤順太先生に出会い、英語学、英文学に志して上智大学英文科に進学。
昭和28年（1953）3月（22歳）　上智大学文学部英文科卒業
昭和30年（1955）3月　同大学大学院西洋文化研究科英米文学専攻修士課程修了（文学修士）
昭和30年（1955）10月（25歳）　Universität zu Münster 留学（西ドイツ・ミュンスター大学）英語学・言語学専攻。K. Schneider, P. Hartmann に師事。
昭和33年（1958）5月（27歳）　同大学より Dr. phil. magna cum laude（文学博士…大なる称賛をもって）の学位を受ける。

学位論文：*"Studien zur Abhängigkeit der frühneuenglischen Grammatiken von den mittelalterlichen Lateingrammatiken"* (Münster: Max Kramer 1958, xiii+303+iipp.)。これは日本の英語学者の世界的偉業。日本では昭和40年（1965）に『英文法史』として研究社より出版。

昭和33年（1958）5月　University of Oxford（Jesus College）寄託研究生。E. J. Dobsonに師事。
昭和39年（1964）4月（33歳）　上智大学文学部英文学科助教授
昭和43〜45年（1968〜1970）　フルブライト招聘教授としてNew Jersey, North Carolina, Missouri, Michigan の各大学で比較文明論を講ず。
昭和46年（1971）4月（40歳）　上智大学文学部英文学科教授
昭和58年（1983）4月〜62年（1987）3月　上智大学文学部英文学科長／同大学院文学研究科英米文学専攻主任
平成6年（1994）（63歳）Universität zu MünsterよりDr. phil. h. c.（ミュンスター大学名誉博士号）。卓越せる学問の貢献に対して授与された。欧米以外の学者では同大学創立以来最初となる。
平成7年（1995）4月　上智大学文学部英文学科特遇教授
平成11年（1999）4月　上智大学文学部英文学科特別契約教授
平成13年（2001）4月（70歳）上智大学名誉教授
退任後、80代の現在もさらなる研究活動に励む。

[渡部昇一先生の著書案内]
（一部分執筆参加の出版物は除く。当社発行のものは本書最終頁に掲載）

A. 新刊──「渡部昇一ブックス」10（2014.10.30）掲載以降、本年4月までの新刊
渡部昇一の中世史入門（PHP文庫 2014/11/19）←＜1992「日本史の真髄2」／永遠の知的生活 対談：一条真也（有楽出版社 2014/12/25）／渡部昇一の戦国史入門（PHP文庫 2015/1/21）←＜1994「日本史の真髄3」／日本興国への道（致知出版社 2015/1/25）／読む年表 日本の歴史（ワック 2015/1/27）←＜2011「渡部昇一「日本の歴史」8 読む年表」／ゼロ戦と日本刀 共著：百田尚樹（PHP文庫 2015/2/19）←＜2013単行本／朝日新聞と私の40年戦争（PHP研究所 2015/2/27）／日本がつくる新たな世界秩序（徳間書店 2015/2/28）

B. 代表的な著作（複数社で出版された場合は、その最新の版。★印はシリーズ）
知的生活の方法（講談社現代新書）
人間 この未知なるもの──翻訳（三笠書房・知的生きかた文庫）
腐敗の時代（PHP文庫） 文科の時代（PHP文庫）
ヒルティに学ぶ心術（致知出版社）
萬犬虚に吠える（徳間文庫） 楽しい読書生活（ビジネス社）
紫禁城の黄昏（上・下）──監修（祥伝社黄金文庫）
人は老いて死に、肉体は亡びても、魂は存在するのか？（海竜社）
取り戻せ、日本を。安倍晋三・私論（PHP）
原発は、明るい未来の道筋をつくる！原発興国小論（ワック）
★渡部昇一「日本の歴史」全7巻＋別巻「読む年表」（ワック）
★［渡部昇一著作集］（ワック）より：日本は侵略国家だったのか──「パル判決書」の真実 ／ 税高くして民滅び、国滅ぶ ／ いま、論語を学ぶ ／ ドイツ参謀本部 ／「繁栄の哲学」を貫いた巨人 松下幸之助 ／ 渡部昇一の古事記 ／ 日本は中国（シナ）とどう向き合うか

C. 言語関係の著作
英文法史（研究社）／ 言語と民族の起源について（大修館書店）
英語学史（大修館書店）／ 英語の語源（講談社現代新書）
物語 英文学史──対談（大修館書店）／ 英語の歴史（大修館書店）
秘術としての文法（講談社学術文庫）／ 英語語源の素描（大修館書店）
イギリス国学史（研究社）／ 英文法を撫でる（PHP新書）
渡部昇一 小論集成（上下2冊）（大修館書店）
講談 英語の歴史（PHP新書）／ 英文法を知ってますか（文春新書）

雑誌等に掲載された作品　6　(最終回)

昭和49年(1974) 2月(著者43歳)〜昭和50年(1975) 3月(44歳)

▶題名／掲載紙誌／掲載巻号／掲載年月／[注]の順　　　　　(協力：皓星社)

▶OEとMEにおける宗教用語／英語青年／1974-2／[★]
▶天皇について(国体は何度も変った)／諸君！／1974-2
▶苅田元司先生の想い出／英文学と英語学10／1974-3
▶秘術としての文法学について／言語／1974-4
▶労働について(乞食と奴隷)／諸君！／1974-4
▶命令と服従(小野田さんの帰還に考える)／諸君！／1974-5
▶日本語と論理　言霊について／英語教育／1974-6
▶英文法の成立(1〜7)／英語青年／1974-6〜12
▶道化の効用(参議院を「フールの府」とせよ)／正論／1974-7
▶テレビと国柄(テレビに見る民俗パタンの継承)／放送文化／1974-7
▶日本語について(言霊の視点から)／諸君！／1974-8
▶夏休みとわたしの先生／現代英語教育／1974-8／[★]
▶オカルトについて(光が闇になった時代)／諸君！／1974-11
▶真の戦闘者・徳富蘇峰／正論／1974-11
▶戦後啓蒙のおわり・三島由紀夫／諸君！／1974-12
▶(書評)ユニークな近代日本文学作家論(佐伯彰一『日本の「私」を索めて』)／正論／1975-1
▶腐敗の効用(一つの時代への葬送曲として)／諸君！／1975-2
▶(座談会)女性が働くことの意味／婦人公論／1975-3
▶英米文化の吸収について／英語研究／1975-3

当欄は読者の御要望により設けたものですが、今回をもって終了といたします。先生の執筆は昭和48年(1973)には一般雑誌にも広がり、特に昭和50年(1975)からは掲載紙誌の種類、及び執筆量が著しく増加しており、現在に至っては大型カタログになるほどのものと言えます。
上記[注]欄に★印をつけたものは『渡部昇一小論集成(上・下)』(2001 大修館書店)に収録されている論文を示します。　(平成27年4月　編集部)

お知らせ
本書は電子書籍としても近々市販いたします。当社初の試みであり、若い人達にも読んでもらい役立ててもらえるように、手頃なHIROSE e-booksを目指します。
★下記ホームページでも適宜お知らせする予定です。

嘘は一本足で立ち 真実は二本足で立つ
言葉は時代を超える―――フランクリン格言集　［渡部昇一ブックス］11

平成27年（2015）6月10日　初版第1刷 発行

著作者　渡部昇一

発行所　株式会社 広瀬書院　　HIROSE-SHOIN INC.

171-0022 東京都豊島区南池袋4―20―9　サンロードビル 603

電話 03-6914-1315

http://hirose-shoin.com　　（広瀬書院ホーム）

発売所　丸善出版株式会社

101-0051 東京都千代田区神田神保町2―17

電話 03-3512-3256

http://pub.maruzen.co.jp/

印刷所　大日本印刷株式会社

© Shoichi WATANABE 2015　　　　　　　　　　Printed in Japan

ISBN978-4-906701-11-7

「渡部昇一ブックス」発刊の趣旨

言論活動が多方面に渡るため渡部昇一先生のことを歴史家、文明評論家、あるいは政治評論家などと思っている人もいるようだ。事実、先生はこれらの分野で第一級の仕事をしておられる。しかし御専門は、と言えば、「英語学」である。

この御専門分野における業績は世界的なものであり、既に若くして偉業を成し遂げられ、八十代の今も絶えることなく研鑽を積んで居られる。これあればこそ、即ち、御専門の研究の徹底的遂行の能力および深い知識が、他の分野の活動においても自ずと深慮、卓見が湧出し、事を成し遂げていかれるのだと思う。

渡部先生は山本夏彦著『変痴気論』(中公文庫・昭和五十四年)の巻末解説において「山本の読者が増えてくることは、それだけ日本の良識の根が太くなることである」と述べて居られる。この言葉はまた、そのまま渡部先生に当てはまると言えよう。わが大阪の友、大橋陽一郎氏は「渡部先生のような方が、よう、この世の中に、日本に生まれて来てくれはったものや」と言った。同感である。

有力な出版社から立派な作品が数多く発刊されているが、さらに多くの人々に渡部昇一先生のことを知っていただき、その著作に接していただくことを願う次第である。

平成二十三年(二〇一一)十月十五日

広瀬書院　岩﨑幹雄

渡部昇一ブックス

1 わが書物愛的伝記
　——書物を語り、自己を語る
　平成24/7/5発行（第2刷）定価1,500円＋税

2 アングロ・サクソン文明落穂集❶
　——ニュートン、最後の魔術師
　平成24/8/25発行　定価1,600円＋税

3 アングロ・サクソン文明落穂集❷
　——カントもゲーテも、ワインを毎日
　平成24/11/3発行　定価1,600円＋税

4 渡部昇一の着流しエッセイ❶
　——市民運動はしばしばゆすりである
　平成25/3/5発行　定価1,800円＋税

5 渡部昇一の着流しエッセイ❷
　——ODA、使われる半分は人件費
　平成25/3/5発行　定価1,800円＋税

6 アングロ・サクソン文明落穂集❸
　——金は時なり。お金で時間が買えるのだ!
　平成25/6/1発行　定価1,800円＋税

7 渡部昇一の着流しエッセイ❸
　——ナチスと正反対だった日本
　平成25/10/5発行　定価1,800円＋税

8 アングロ・サクソン文明落穂集❹
　——スターリンもヒトラーも同じ!
　平成26/4/25発行　定価1,800円＋税

9 渡部昇一の着流しエッセイ❹
　——安心「長寿法」少食にしてくよくよしない
　平成26/6/30発行　定価1,800円＋税

10 アングロ・サクソン文明落穂集❺
　——ハレーなかりせばニュートン万有引力もなし!?
　平成26/10/30発行　定価1,800円＋税

11 嘘は一本足で立ち　真実は二本足で立つ
　——フランクリン格言集
　平成27/6/1発行　定価1,600円＋税

広瀬ライブラリー

1 生きる力（佐藤義亮著）
　新潮社創業者の今も、将来にも通じる処世訓話
　平成26/8/25発行　定価1,800円＋税